Lo que dicen las personas acerca de
Sanidad cuando la confianza se pierde

Esta es una historia sobrenatural de la redención y la restauración de Dios. Un hombre escogió ser humilde, su esposa creyó que Dios podía hacer lo imposible y sucedió. *Sanidad cuando la confianza se pierde* le dará esperanza para su matrimonio y fortalecerá su fe en un Dios que puede convertir sus errores en milagros.

—**STEVEN FURTICK**
PASTOR LÍDER DE ELEVATION CHURCH
AUTOR DE *SUN STAND STILL*

Lo que está a punto de leer es una historia completamente real de una pareja en el ministerio cuyo matrimonio y vocación se sacuden y se paralizan de repente por las consecuencias de la infidelidad. Con honestidad escalofriante pero notablemente alentadora, la travesía de Cindy rompe las barreras del shock, del dolor y de la traición para llegar hasta el perdón, la fortaleza y la restauración. Deseo compartir este libro con muchas personas que conozco y que en estos momentos están luchando con la desafortunada devastación que produce una relación extramatrimonial.

—**PETE WILSON**
PASTOR DE CROSS POINT CHURCH
AUTOR DE *PLAN B*

Uno de los mayores regalos que podemos hacernos los unos a los otros es el regalo de conocer que no estamos solos. Con transparencia y honestidad, Cindy ofrece con gusto este regalo a todos los lectores. ¿Necesita ánimo? ¿Necesita esperanza? ¿Necesita saber que no está solo? Entonces por favor lea *Sanidad cuando la confianza se pierde*.

—**JUD WILHITE**
PASTOR PRINCIPAL DE CENTRAL CHRISTIAN CHURCH
AUTOR DE *GRACIA SIN CENSURA*
FUNDADOR DE LEADINGANDLOVINGIT.COM

La historia de Chris y Cindy es un ejemplo inspirador y cautivador de humildad, perdón y redención. A través del dolor de la traición su historia refleja el amor de Dios que penetra la oscuridad para iluminar una nueva esperanza para los matrimonios en crisis.

—CHRIS HODGES
PASTOR PRINCIPAL DE CHURCH OF THE HIGHLANDS

Con elegancia, vulnerabilidad y valentía Cindy Beall conversa acerca de la peor pesadilla de toda mujer casada. Una poderosa historia de esperanza, un sincero viaje de lucha, un pasaje inspirador de renovación... la crónica de la mayor perturbación en la vida de Cindy habla a los lugares más recónditos del corazón. Este es más que otro libro acerca de la infidelidad en el matrimonio. Es un cuadro del amor restaurador de Jesús, capaz de superar cualquier dificultad y lo suficientemente poderoso como para hacer que las cosas feas se vuelvan hermosas. Me encanta la historia de Chris y Cindy Beall. Es la historia de Jesús.

—LISA WHITTLE
CONFERENCISTA Y AUTORA DE {W}HOLE

Esta es una refrescante historia de perdón, de gracia y de un deseo puro de vencer todas las adversidades para salvar un matrimonio que estaba a punto de terminar. Si está atravesando la senda del divorcio, este libro le inspirará para que no desista sino que entregue su matrimonio a Dios y vea cómo Él obra el milagro.

—DINO RIZZO
PASTOR LÍDER DE HEALING PLACE CHURCH

El mensaje de gracia de Cindy Beall es simple pero profundo: Jesús es su esperanza para un matrimonio exitoso. Sin importar dónde se encuentre, su historia será una inspiración y un desafío para permitir que Dios sane el pasado y construya un futuro mejor.

—JUDAH SMITH
PASTOR LÍDER DE THE CITY CHURCH, SEATTLE, WASHINGTON

Por casualidad conocí a los Beall hace algunos años durante una noche que cambió mi ministerio. Me cautivó la autenticidad de la historia de Cindy, una historia de dolor, de esperanza y de la resurrección de un amor innegable.

Este libro me remontó a aquella noche. Las palabras de Cindy rasgarán el velo de cualquier temor o duda de que Dios puede sanarlo a pesar de sus propios y mejores esfuerzos.

—CARLOS WHITTAKER
LÍDER DE ADORACIÓN

Si usted es un escéptico que cree que los milagros ya no existen, o si está en medio del dolor y piensa que Dios lo ha abandonado, le pido que lea este libro. Lo que sucedió en la vida de Chris y Cindy, y la sanidad que llegó a su matrimonio, no puede ser otra cosa que un milagro. La desesperanza, un dolor indescriptible y circunstancias deprimentes fue todo lo que Dios necesitó para hacer lo que mejor sabe hacer: lo imposible. Si usted necesita tener la esperanza de que Dios todavía hace posible lo imposible, este es su libro.

—NATALIE WITCHER
AUTORA DE *THE DEVIL IN YOUR GARDEN*

Tan honesta...Tan real...Tan transparente...Tan oportuna. Al estar en el liderazgo, he visto la devastación de esposos y esposas que no supieron cómo restaurar su relación. Cindy hace un excelente trabajo usando las palabras para describir las imágenes de su viaje de sanidad y restauración. Este libro ayudará a las parejas a recuperar la *confianza* en un matrimonio roto.

—SHEILA GERALD
PASTOR DE CHAMPIONS CENTRE, TACOMA, WASHINGTON

SANIDAD

cuando la

CONFIANZA
SE PIERDE

CINDY BEALL

CASA
CREACIÓN

La mayoría de los productos de Casa Creación están disponibles a un precio con descuento en cantidades de mayoreo para promociones de ventas, ofertas especiales, levantar fondos y atender necesidades educativas. Para más información, escriba a Casa Creación, 600 Rinehart Road, Lake Mary, Florida, 32746; o llame al teléfono (407) 333-7117 en Estados Unidos.

Sanidad cuando la confianza se pierde por Cindy Beall
Publicado por Casa Creación
Una compañía de Charisma Media
600 Rinehart Road
Lake Mary, Florida 32746
www.casacreacion.com

A menos que se exprese lo contrario, la versión utilizada es la Santa Biblia, Nueva Versión Internacional ©1999 por la Sociedad Bíblica Internacional (marcada NVI). Usada con permiso.

Traducido por: Wendy Bello
Director de diseño: Bill Johnson

Healing Your Marriage When Trust is Broken
Copyright ©2011 by Cindy Beall
Published by Harvest House Publishers
Eugene, Oregon 97402
www.harvesthousepublishers.com

Visite la página web de la autora: www.cindybeall.com

Library of Congress Control Number: 2012936698
ISBN: 978-1-61638-791-4

12 13 14 15 16 * 7 6 5 4 3 2 1
Impreso en los Estados Unidos de América

En honor y en memoria de mi padre,
Joe Ernest Moehring,
y de mi suegro,
Charles Joseph Beall

AGRADECIMIENTOS

Harvest House Publishers: Gracias por hacer que este viaje fuera prácticamente sin dolor. Y por darme a Hope Lyda, la mejor editora sobre la faz de la tierra. (¡Hope, sin lugar a dudas, estremeces la tierra!)

LaRae Weikert y Carolyn McCready: Gracias por arriesgarse con esta escritora incipiente. Vayamos a comer comida mexicana otra vez ¿ok?

Lisa Whittle: Tú y yo somos almas gemelas. Creíste en nuestra historia incluso antes de que nos conociéramos. Gracias por conectarme con Harvest House.

Michael Hall: Quince años de amistad y todavía estamos muy apegados. Gracias por hacer posible esta aventura de la publicación. Te amo, mi hermano calvo.

Toben Heim: Eres absolutamente brillante. Agradezco las muchas horas que pasaste revisando mi manuscrito antes de publicarlo.

Steve y Barbara Uhlmann: Amaron nuestra historia incluso antes de conocernos. Me encanta su pasión por los matrimonios restaurados. Gracias por su increíble apoyo.

Personal y congregación de LifeChurch.tv: El apoyo incondicional que nos han brindado a Chris y a mí durante más de nueve años me asombra. Gracias por amarnos sin medida.

Craig y Amy Groeschel: Son como *Star Trek*: se atrevieron a ir con valor adonde ningún hombre había llegado. La mayoría de las personas no habría permanecido a nuestro lado de la manera en que ustedes lo hicieron. Siento una profunda gratitud y amor hacia ustedes.

Jim y Beth Kuykendall: ¿Qué puedo decir? Estoy segura de que les he agradecido millones de veces. Gracias por las noches de desvelo y por hacernos parte de su propia familia. Estaremos por siempre y para siempre agradecidos.

Las parejas que me dieron permiso para compartir su historia: Dios está redimiendo su sufrimiento con cada matrimonio al que influencian. Gracias por su deseo de compartir su doloroso viaje.

EB: (EB significa estudiantes de la Biblia. Ilumine su mente.) Creyeron en este libro y en mí mucho antes de que yo misma creyera. Gracias por ser mi círculo de confianza y por proteger mi corazón. Los amo mucho.

Mi mamá, Nancy: Gracias por tu lealtad incondicional y tu apoyo constante. Eres la persona que más me anima. No has pasado inadvertida.

Mis hermanos mayores, Mark y David: Gracias por amar a su hermana menor y por no seguir pellizcándola en el brazo. Siempre contaré con ustedes.

Mi suegra amorosa, Claire Beall: Tu aliento interminable es una fuerza poderosa en mi vida. Se rompió el molde cuando tú naciste.

Mis hermanos Beall: No puedo creer que los tenga a todos en mi vida. Gracias por apoyarme, amarme y aceptarme como si fuera su propia hermana. Un momento, ¿acaso no lo soy?

Michelle y Ben: Ustedes son las bendiciones más dulces en mi vida. Nunca imaginé que sería capaz de escribir estas palabras. Eso es una muestra de cuán asombroso es el amor de Dios. Los amo mucho.

Mis niños, Noah y Seth: Me encanta ser su mamá. Noah, gracias por ver el cuadro completo de todo esto. Seth, anhelo el momento en que puedas comprender qué es la redención.

El amor de mi vida, Chris: Supe en nuestra primera cita en Chili's en Austin, Texas, que me casaría contigo. Hemos caminado por algunos valles sombríos durante nuestros 18 años de matrimonio. Fueron dolorosos pero, a pesar de eso, te escogería otra vez a ti.

Mi Papito celestial: Los ojos se me llenan de lágrimas cuando pienso en quién eres para mí. Tú me consolaste en mi tormenta a pesar de que, en vez de esto, te pedí que la calmaras. Estoy agradecida de que no lo hicieras porque tú sabes más que yo.

Mis lectores: Independientemente de que hayan experimentado la infidelidad u otro tipo de traición en su matrimonio, mi oración es que nuestra historia los aliente. Es una historia de esperanza y redención. Y no solo eso, sino que es también un testimonio de la grandeza de Dios. Él es muy bueno.

Contenido

Prólogo

por el pastor Craig Groeschel

CUANDO CHRIS BEALL, MI NUEVO Y BRILLANTE LÍDER DE ADORACIÓN, me confesó que le había sido infiel a su esposa Cindy, sentí deseos de vomitar.

Emociones abrumadoras llenaron mi corazón. Conmoción. Decepción. Enojo. Tristeza.

Las preguntas se agolpaban en mi mente como los granizos que se estrellan contra el pavimento durante una tormenta. ¿Cómo sucedió esto? ¿Por qué no lo vi? ¿Qué le voy a decir a la iglesia? ¿Qué va a hacer Cindy? ¿Sobrevivirá su matrimonio a este golpe?

Nunca olvidaré el profundo y aparentemente irremediable dolor que vi en los ojos de Cindy cuando descubrió la devastadora verdad.

Detrás del escenario, hicimos lo único que sabíamos hacer. Oramos mucho. Lloramos mucho. Leímos muchos pasajes de las Escrituras.

Reunimos a los ancianos de la iglesia para reflexionar acerca de cómo proceder. Nuestro objetivo principal era ministrar a las vidas de Chris y

Cindy y ayudarlos a decidir qué hacer a continuación. Las acciones de Chris obviamente lo descalificaban para su rol pastoral.

Al aproximarse el fin de semana, estaba consciente de que tenía que informar sobre el asunto públicamente. Por desgracia a menudo los líderes de las iglesias son incapaces de navegar con éxito en las turbulentas aguas del fracaso moral. Con frecuencia las iglesias sufren una herida mortal después de este tipo de fracaso público.

Sin saber con seguridad qué hacer, simplemente decidí decir la verdad.

"Chris traicionó a su esposa y ya no seguirá sirviendo en su rol como líder de adoración". Sin entrar en detalles, expliqué con compasión que uno de nuestros hermanos había caído y que, como iglesia, haríamos todo lo que estuviera a nuestro alcance para ayudarle a sanar su matrimonio.

Nos pusimos de acuerdo para orar por el milagro de restauración en esta familia. Comenté con nuestra iglesia el significado del término hebreo que se traduce como *restaurar*. La palabra *shub* literalmente significa "ser hecho mejor que nuevo". "Con la obra de sanidad que Cristo llevará a cabo", declaré por fe, "un día el matrimonio de Chris y Cindy podría ser mejor que cuando era nuevo".

El domingo siguiente, Chris y Cindy Beall entraron a la iglesia y se sentaron juntos mientras la iglesia herida pero amorosa los abrazaba.

Este fue el comienzo de la subida de una ardua colina para restaurar un matrimonio roto. A través de la consejería, de las lágrimas, del duro trabajo, de la perseverancia, de la valentía, de la responsabilidad y del perdón absoluto e incondicional de Chris y Cindy, Dios ha hecho lo que solo Él puede hacer. Ha hecho que la familia Beall sea ahora incluso mejor que cuando era nueva.

Nueve años después, Chris sirve otra vez en nuestra iglesia como pastor de nuestro campus más grande. Cindy escribe y habla para ayudar a los matrimonios de todo el mundo.

Este libro es el viaje de sanidad más honesto que alguna vez haya leído. Cindy lo cuenta todo sin guardarse nada. Su transparencia le conquistará. Su valentía le inspirará. Su historia le cambiará.

Si ha enfrentado la traición y se está preguntando si es posible sanarse, este libro es un regalo de Dios para usted.

Craig Groeschel
Pastor de LifeChurch.tv

Cuando las paredes se derrumban

Nunca olvidamos ese día que nos cambia para siempre la vida. Ese día en que nuestro corazón y nuestra familia se viran al revés. Pero cuando comienza, uno no se da cuenta de que no es un día ordinario.

Transcurría el 19 de febrero de 2002 y Chris, mi esposo desde hacía nueve años, y yo estábamos empezando a acomodarnos en nuestra nueva casa en Edmond, Oklahoma. Había venido solo seis semanas antes para comenzar su ministerio con LifeChurch.tv como pastor de adoración del Campus Edmond. Yo me había quedado en Memphis para finalizar la venta de nuestra casa allá. Pero ahora nosotros y nuestro hijo de casi tres años, Noah, estábamos reunidos otra vez y felices bajo el mismo techo.

Esa mañana, mientras Chris estaba en la iglesia, yo hacía las cosas que usualmente hacemos para acomodar una casa nueva. Desempaqué cajas, luché con la cinta de embalaje y coloqué nuestras pertenencias

en la cocina, en los baños y en el resto de la casa. Mientras lo hacía disfrutaba el proceso y pensaba en cuán bueno era alistar nuestro nuevo hogar para esta nueva vida por la que habíamos orado con tanto fervor.

Y entonces Chris llegó a la casa inesperadamente a las 9:30.

Estaba a punto de preguntar por qué había regresado tan pronto del trabajo, pero la expresión de preocupación en su rostro me impidió decir una palabra. Me preguntó si podíamos hablar. La petición sonó tan formal y distante que mi corazón se aceleró mientras, rápido y en silencio, senté a Noah frente a nuestro televisor con un video de Blue's Clues y me apresuré para recorrer el estrecho camino entre las pilas de cajas en dirección a Chris. Mi mente se deshacía intentando adivinar lo que saldría de su boca. ¿Había muerto alguno de nuestros padres o estaban involucrados en algún accidente? ¿Había cambiado de idea la iglesia acerca de incluir a Chris dentro de su personal?

Chris me condujo hasta nuestro sofá recién comprado y nos sentamos juntos. Traté de escudriñar sus atractivos ojos verdes en busca de tranquilidad. Pero aquellos asombrosos ojos claros que me habían cautivado el día que nos conocimos hacía ya varios años ahora miraban al suelo. Deseaba que me asegurara que todo estaba bien en nuestra nueva vida. Pero en vez de palabras de tranquilidad, el hombre por el que había orado cuando era una joven, mucho antes de conocerlo, estaba a punto de contarme noticias que alterarían el curso de nuestras vidas en maneras inimaginables.

Las oraciones de una joven mujer

Oré por primera vez por mi futuro esposo mientras estaba sirviendo como misionera durante el verano en una reserva nativa en Wyoming. Aunque esta experiencia en el ministerio se convertiría en uno de los mayores retos e inspiraciones de mi vida y de mi viaje de fe, el día que tuve que decir adiós a mi mamá en el aeropuerto de Austin, Texas, fue un día triste. El gracioso vestido con alegre cuello marinero que llevaba puesto no podía esconder mi tristeza por tener que alejarme de mi madre y de mi hogar para estar a casi dos mil kilómetros durante 11 semanas. Me parecía que nos separaba una eternidad.

Las primeras dos semanas fueron difíciles. Al inicio, mis mejillas manchadas de lágrimas fueron un estorbo en la aventura. Pero con el tiempo comprendí que necesitaba este tiempo para crecer y aprender a depender de Dios.

Y lo logré.

Aprendí mucho acerca de la mujer en que me convertiría. No solo aprendí a depender de Dios sino que también descubrí que tenía una voz y algo que decir y que valía la pena compartir. Aprendí que no todas las cosas tienen sentido cuando seguimos a Cristo. Y me di cuenta de que está bien no tener una respuesta para todo. De hecho, en realidad es más auténtico y atractivo cuando eso sucede.

En medio de mi tiempo de aprendizaje acerca de Dios, de los otros y, más que todo, de mí misma, en mi corazón anhelaba conocer el amor verdadero. La clase de amor que me haría decirle a alguien especial: "Quiero pasar el resto de mi vida contigo". Y no era la clase de chica que tenía que tener un novio en sus brazos todo el tiempo. Por una parte, era más alta que la mayoría de los chicos de mi edad. Esto no es precisamente una ventaja para una chica en busca de enamorado. Además, tenía un espíritu independiente y me gustaba la libertad que experimentaba durante esa etapa de mi vida.

No obstante, este anhelo por el amor verdadero crecía. Pronto cumpliría 21 años y, aunque no existe una pauta o un registro de tiempo determinado que diga que las mujeres jóvenes se enamoran a esa edad, definitivamente no rechazaría la oportunidad si se presentaba. *Si* era la persona correcta, usted entiende. *Mi* persona correcta.

Una noche de julio durante aquella misión de verano, mientras contemplaba las hermosas montañas bañadas por el resplandor del atardecer comencé a orar por otros y por mi futuro esposo. En ese momento, la idea vino a mi mente, (gracias, Espíritu Santo), de que tal vez debía orar por la salvación de mi esposo. Y así lo hice.

Oré para que mi futuro esposo tuviera el carácter, la personalidad, los talentos, las pasiones e incluso la apariencia que encajara con la lista que había hecho sobre el hombre de mis sueños. No pensaba que estaba pidiendo mucho. Solo la luna, las estrellas y todo lo que había entre ellas. ¿Por qué no, cierto?

Vi por primera vez a Chris Beall en un baile del pueblo en noviembre de 1991. No podíamos quitarnos los ojos de encima. No era el mejor vestido, ni tenía la sonrisa perfecta de un modelo, pero me sostuvo la mirada con aquellos embriagadores ojos verdes. Casi de inmediato me impactó.

Casi.

Pasaron algunos meses antes de que algo real comenzara entre nosotros. Él comenzó a frecuentar la Unión Bautista Estudiantil en nuestro campus para participar de nuestros almuerzos de los miércoles. Luego de unas pocas semanas, durante uno de aquellos almuerzos, me pidió que saliéramos a cenar el lunes siguiente. No tuve que agonizar ante la expectativa durante los cinco días que faltaban. Más bien, vino a mi iglesia el domingo y me invitó a salir a almorzar con un grupo de amigos. Había mucha emoción y aquella sensación de "no puedo creer que esto realmente esté sucediendo" en el ambiente durante aquella tarde de domingo, y terminamos sentados en el balcón de mi apartamento comiendo helado de menta y chocolate y conversando acerca de la vida, la familia y, más que todo, acerca de Jesús. Y aquella tarde me di cuenta de algo especial acerca de Chris: había seguido a Cristo durante casi un año y la fecha en que había entregado su vida a Cristo era el 7 de julio de 1991: el verano en el que el Espíritu Santo me había guiado a orar por la salvación de mi futuro esposo.

Qué alivio.

Con todo mi ser supe que Chris Beall era el destinado para mí. Lo supe más allá de toda duda. Lo sabía en mi conocimiento y lo sentía en mis sentimientos. Pero lo que no sabía era que al día siguiente Chris había hecho un pago por adelantado para nuestro anillo de compromiso.

Diez meses más tarde, el 9 de enero de 1993, nos convertimos en esposo y esposa.

Estábamos tan enamorados de Jesús y el uno del otro que estábamos seguros de que lo conquistaríamos todo. Nunca hubiéramos pensado que el camino que nos esperaba por delante en nuestro matrimonio traería otra cosa que no fueran bendiciones.

En nuestro caso el amor era completamente ciego. Eso fue algo bueno, porque no me habría imaginado que alrededor de nuestro noveno aniversario, recuperaríamos la vista.

Confesión

Me senté junto a Chris en nuestro sofá nuevo y cuando comenzó a hablar, mi garganta se secó y mis ojos se llenaron de tibias lágrimas. A pesar de que el impacto estaba haciendo difícil que mi mente hallara el sentido de las palabras, de las frases y de las oraciones, mi corazón y mi alma lo asimilaron todo con gran pesar. Chris no me estaba comunicando que alguien que amábamos había sufrido algún daño. Estaba confesando que él, la persona a quien yo más amaba en el mundo, me había herido y traicionado de la manera más profunda.

Chris había sido infiel.

En ese momento yo estaba temblando de pies a cabeza mientras mi mente continuaba dando vueltas sin poder creerlo. Sentía náusea a medida que la confesión continuaba. Había sido infiel con más de una mujer. De hecho, había estado con muchas mujeres en muchos lugares diferentes durante los últimos dos años y medio.

A medida que escuchaba, el dolor físico muy real de un corazón roto me tomó por sorpresa. Y mientras me esforzaba para continuar respirando, Chris hizo un esfuerzo para decir la última parte de la confesión con labios temblorosos: una de las mujeres estaba embarazada y él estaba bastante seguro de que el hijo era suyo.

No quitaba sus ojos de mí. No desvió la vista ni un instante, incluso cuando mi rostro cambió visiblemente. Sus ojos eran tiernos y podía darme cuenta de que estaba devastado al verme. No estaba en su estado normal. Parecía estar en *shock* al darse cuenta de que, de hecho, estaba confesando. Luego, a medida que se daba cuenta de lo que su confesión estaba provocando en mí, empezó a llorar.

Muchos pensamientos de enojo pudieron haber llegado a mi mente, pero el insondable absurdo de aquel momento surrealista, congelado en el tiempo, provocó un pensamiento constante en mí: "¡Tiene que estar bromeando!"

Definitivamente no lo estaba.

Se quedó sentado allí en espera de mi respuesta. Yo estaba impactada y no podía comprender el sentido de lo que acababa de suceder. Busqué entre los términos para expresar emociones alguno que pudiera expresar lo que sentía. No me servía ninguno de ellos y, al mismo tiempo, todos me servían. Perpleja. Aturdida. Impactada. Abrumada. Ofuscada. Aplastada. Sacudida. Asqueada. Enferma. Perturbada. Machacada. Consternada. Paralizada.

Enfadada. Y eso diciéndolo de una manera bonita.

La verdad es que hasta hoy no puedo describir cómo me sentí aquel día. Lo que sí puedo decirle es que estaba claramente consciente de que mi mundo, como lo había conocido hasta aquel instante, había cambiado por completo. Me desperté aquella mañana siendo un ama de casa y una madre a tiempo completo bastante feliz, y luego de un par de horas me convertí en una mujer seriamente dañada con un matrimonio a punto de destruirse.

Ambos habíamos hecho votos para renunciar a todos los demás por el resto de nuestras vidas. Yo mantuve mi voto. Él no. Incluso cuando la distancia entre nosotros creció, yo mantuve mi voto. Él no. Incluso cuando otros hombres mostraron interés en mí, yo mantuve mi voto. Él no. Incluso cuando llegaron los días en que ni siquiera deseaba pasar tiempo con él, yo mantuve mi voto. Él no.

Cuando las paredes se derrumban

Me sentí profundamente herida al saber la verdad acerca de los engaños que mi esposo confesó aquella mañana. Me sentí dolida no solo por mí sino por la nueva iglesia que había contratado y acogido a Chris. Por nuestro hijo. Por nuestras familias. Por nuestros amigos. A medida que las paredes de la vida que habíamos construido comenzaron a derrumbarse, confesión tras confesión, sentí cómo se quebraban las bases de la vida que habíamos construido y los sueños de nuestro futuro juntos.

¿Se puede identificar con ese tipo de decepción? ¿Destrucción?

¿Traición? ¿Cuando las paredes se han derrumbado con tal fuerza que uno no puede respirar debajo de la presión de los escombros o ver más allá del polvo que ha dejado la destrucción?

Aquella mañana mi espíritu se quebrantó. Mi corazón estaba hecho pedazos. Ideas acerca de seguir adelante en la vida o de emprender acciones positivas habrían sonado absurdas suponiendo que alguien hubiera estado allí para sugerirlas. Con dificultad podía concebir la idea de que debía levantarme de aquel sofá. De hecho, la única razón por la que fui capaz de ponerme de pie y moverme fue la fuerte urgencia de apartarme de Chris. Deseaba estar tan lejos de él físicamente como ya me sentía emocionalmente en aquel momento. Nunca jamás me había sentido tan sola.

Si usted se siente solo, sepa que estoy aquí para acompañarlo, y Dios también está. Su deseo es que usted esté completo, incluso cuando las piezas de su propia existencia parecen estar esparcidas por cada esquina del universo. Si las paredes se han derrumbado y no puede distinguir la verdad entre las mentiras que han quedado en los restos, sepa que la gracia y el poder de Dios para transformar su vida están justo allí en medio de los escombros.

Agárrese de su fe en la redención.

Yo mantuve la mía. Por favor mantenga la suya mientras caminamos juntos hacia la sanidad.

Su viaje hacia la sanidad

1. ¿Alguna vez su cónyuge lo ha sorprendido con una confesión desgarradora? En ese caso, ¿cuál fue su reacción inicial?

2. ¿Alguna vez ha tenido que hacer alguna confesión que supo que rompería el corazón de su cónyuge? ¿Qué fue lo que finalmente le ayudó a romper con su ciclo de mentiras?

3. ¿Alguna vez ha recibido noticias que alteraron su vida de una forma rotunda? ¿Cuáles fueron, y cómo las manejó? Si le es posible, remóntese mentalmente y permita que Dios traiga sanidad a medida que usted lamenta lo perdido y se adentra en este libro.

4. ¿Qué sucede cuando encerramos nuestras emociones y decidimos no tratar con ellas? ¿Conoce personas que hacen esto? ¿Usted es una de ellas? ¿Cómo puede hacerse más capaz de compartir o expresar sus emociones?

5. Busque formas en las que pueda permanecer comprometido con su matrimonio incluso cuando no sienta deseos de hacerlo o cuando las circunstancias han provocado una falta de conexión entre usted y su cónyuge.

La tormenta de preguntas

¿DESCUBRIÓ LA MENTIRA, la infidelidad o el pecado secreto de su cónyuge por usted mismo o él/ella se lo contó? Creo que, sin importar cómo uno de los cónyuges descubra una verdad difícil acerca de la conducta, los pensamientos o las acciones del otro, se produce un impacto inicial que congela el fluir del tiempo a medida que cientos de pensamientos dan vueltas y se agolpan en nuestra cabeza. Siempre había pensado que la creencia de que la vida de uno pasa por delante de nuestros ojos justo antes de morir era exagerada, esto es, hasta que me senté en aquel sofá y contemplé el rostro consternado de mi esposo mientras un torbellino de pensamientos, preocupaciones, recuerdos y preguntas giraban en mi mente.

Primero mis preguntas eran un tartamudeo de palabras sueltas: ¿Qué? ¿Cuándo? ¿Dónde? Y por supuesto la pregunta favorita en todas las épocas, hecha por miles cuando enfrentan circunstancias indeseables: ¿Por qué?

Pero con el tiempo la tormenta de preguntas más carnales comenzó. ¿Por qué rayos decidiste hacer eso? ¿Por qué necesitaste otras mujeres?

¿No te bastaba conmigo? ¿Por qué tantas? ¿Estabas enamorado de alguna de ellas?

¿Dónde sucedió? ¿Cuándo sucedió?

¿Qué hiciste con ellas? ¿Qué te hicieron ellas a ti?

¿Cuántas veces? ¿Sucedió en nuestra casa? ¿Sucedió en nuestra cama?

¿Significo algo para ti? ¿Todo fue una farsa?

¿Significó algo nuestro ministerio? ¿Cómo guiaste a otros a Jesús mientras estabas viviendo esa otra parte de tu vida?

Chris sabía que esas preguntas vendrían y mientras yo las hacía, simplemente se quedó allí sentado y lloró.

Luego de ganar cierta compostura, me aseguró de que no había sido mi culpa. Me dijo que me amaba y me encontraba atractiva. Me dijo que era una gran esposa. Me dijo que le encantaba estar casado conmigo. Me dijo que nunca había amado a ninguna de las mujeres. Me dijo que su relación con Jesús era real y que sí amaba a los adolescentes a los cuales habíamos ministrado.

Entonces le pregunté el único pensamiento coherente que pude elaborar en ese momento: "¿Por qué rayos arriesgarías lo que tenemos para estar con alguien más?"

Respondió: "Porque soy adicto a la pornografía".

Las preguntas continúan llegando

Totalmente sorprendida con su respuesta, me quedé allí sentada, atónita, en silencio. Dejé mi mente vagar estupefacta. Luego de unos pocos minutos empecé a considerar cómo me veía a mí misma criando a mi hijo como madre soltera. Me imaginé que otra vez tendría que dar clases en alguna escuela primaria para ganar el sustento. Obtener un puesto en cualquier lugar sería difícil porque había estado fuera del aula por más de cuatro años. Mi corazón se hundió aún más al pensar en tener que llevar a Noah a un jardín de infantes. Para mí era un privilegio estar en casa y poder criarlo. Me imaginé perdiendo ese privilegio.

Me pregunté cómo Chris se ganaría la vida, nos apoyaría económicamente a nosotros y su nuevo hijo con otra mujer. Nuestra situación financiera actual apenas alcanzaba para sustentarnos a nosotros tres cada mes. ¿Cómo sería capaz de sostener tres hogares diferentes? Mi sustento se afectaría. Necesitaría su apoyo financiero para sobrevivir porque a los 31 años, definitivamente no quería vivir de mi mamá. Pedirle ayuda a ella para sostenerme iba a ser muy duro.

Esta nueva carga era más pesada que cualquiera que hubiera experimentado antes. Y la única razón por la que ahora llevaba esta carga era que mi esposo ya no la podía llevar más tiempo. Esa fue la dura y fría realidad acerca de mi situación. Era un movimiento muy egoísta de su parte, pensé. ¿Qué le hizo pensar a Chris que podía tirar toda su basura sobre mí, aligerando su carga mientras yo me sofocaba bajo el peso de su confesión?

Decidí tomar una ducha porque me sentía sucia. Mientras el agua comenzaba a golpear mi cuerpo, todo lo que pude hacer fue llorar. De hecho, llorar no es la mejor descripción para lo que estaba haciendo. Creo que desgarrarme en llanto sería una mejor descripción. Estaba tan convulsionada en mi dolor que un espectador habría pensado que estaba sufriendo un ataque. Obviamente lloraba alto, porque Chris vino e hizo un intento por consolarme. De inmediato me aparté de él. Después de todo, sus acciones eran la fuente de mi dolor. Luego, un momento más tarde, estaba deseando tener sus brazos a mi alrededor para reconfortarme, para protegerme de este dolor. Era muy confuso amar y odiar a mi esposo a la misma vez.

Traté de controlar mis lágrimas cuando Noah se aproximó, pero me resultó demasiado difícil. A su manera inocente, trató de consolarme. Recuerdo que me preguntó: "¿Por qué estás tan triste, Mami?"

¿Debía un niño al que solo le faltaba una semana para cumplir los tres años tratar de consolar a su madre? ¿Debía hundirse su mundo porque su padre hubiera tomado decisiones horribles? No era justo. Nada acerca de esta situación era justo. Y, no obstante, allí estaba. Llenaba nuestra sala, nuestra casa, el espacio entre Chris y yo en el sofá, el espacio en el que un corazón completo se había volcado dentro de mí. Los pensamientos y las preguntas que llenaban mi mente no eran sobre una situación lejana; eran sobre mi vida.

Un conjunto de días difíciles

Pensaba que el 19 de febrero de 2002 había sido el peor día de mi vida. Muy pronto me daría cuenta de que solo era el primero de una serie de días que me llevarían a lugares que nunca hubiera imaginado. Siempre me había considerado una persona optimista, pero recuerdo cuánto le rogué a Dios que me llevara con Él. Llegué tan lejos que incluso recuerdo haberle explicado a Dios cómo podía hacerlo cuando Noah no estuviera en el carro. Todo lo que se necesitaba era un pequeño vuelco de mi SUV y el dolor terminaría. Solo deseaba morir. Vivir en su presencia seguramente sería mucho mejor que vivir esta vida en la tierra.

Conocía el salmo que decía que el gozo vendría en la mañana, pero esa no era mi realidad. No se trata de que la Palabra de Dios no fuera o no sea verdad, pero el dolor se convirtió en mi compañero diario al despertarme cada mañana para comenzar el día con mi hijo. Lo raro era que a medida que los días pasaban, me sentí mejor. En las noches, incluso me reía un poco o veía alguna comedia tonta en la televisión. Quedarme despierta hasta tarde en la noche me consolaba. Creo que deseaba que no llegara la mañana. Cuando llegaba, el primer pensamiento que venía a mi mente era el estado de mi matrimonio. Cuando mis pestañas se abrían y mi mente se abría para ver lo que me rodeaba, mi nueva realidad se implantaba y me impactaba contra la pared. Cada mañana sin excepción. Era casi como si estuviera reviviendo la confesión de Chris a diario.

No estoy a favor del aborto, pero debo confesar que sonaba como una opción muy conveniente en aquel momento. Consumida en mi propio dolor, ni siquiera estaba pensando en la vida o en las circunstancias de la otra mujer. No podía creer que esto estuviera sucediendo delante de mis ojos. ¿Por qué rayos mi esposo no se protegió a sí mismo, ni a nosotros? ¿Cómo iba a explicarle a mi hijo que tenía un hermano pero que yo no era la mamá de su hermano? Era un pensamiento demasiado abrumador como para que mi mente pudiera soportarlo. Simplemente no podía creer las elecciones que mi esposo había hecho. Me estaban matando. Y tenían que haber estado rompiendo el corazón de Jesús.

Todavía no podía concebir en mi mente el hecho de que una adicción a la pornografía lo hubiera conducido a hacer cosas tan horribles. Simplemente pensaba que había mirado un par de chicas desnudas en el Internet de vez en cuando. Pensaba que ya no estaba luchando con esto. Pensaba que nos estábamos comunicando muy bien en este aspecto. Pensaba que por eso nos reuníamos con el grupo de rendición de cuentas cada viernes.

Aparentemente, estaba equivocada.

Cuando Chris habló acerca de su recorrido por la pornografía, mencionó que este había comenzado incluso antes de que dejara su hogar paterno. Encontró una revista Playboy en su casa cuando tenía ocho años. Eso para no mencionar los años hojeando las revistas National Geographic, deseando ver una mujer indígena desnuda. ¿Qué? Puede recordar que usted también lo hizo.

Entonces apareció un chico mayor del vecindario que trabajaba en una tienda del barrio. Este chico comenzó a traer a la casa números viejos de diferentes revistas que no leían precisamente por los artículos que había en ellas. El chico se las daba a Chris y a sus amigos y se sentaban en una casa árbol cercana y las miraban. Día tras día las miraban.

A medida que Chris creció, la pornografía se hizo mucho más accesible. Ahora tenía la edad suficiente para alimentar su propia adicción y ya no necesitaba del vendedor de la tienda del barrio.

Unos años más tarde, a medida que surgían los sitios de pornografía en Internet, todo lo que se necesitaba era un clic en el ratón. Y si era realmente astuto, uno podía ver pornografía sin pagar un centavo. Una chica desnuda aquí y allá. Una pareja teniendo relaciones sexuales. Pero muy pronto esas imágenes no eran suficientes para satisfacer a mi esposo. Necesitaba algo más. Su enfermedad creció y creció y dio lugar a deseos aún más insanos. Con el tiempo, luego de años de progresar, este pecado lo enredó completamente y él se puso en acción.

Ahora sé que era solo una cuestión de tiempo. El pecado nunca se hace más pequeño. Siempre crece.

Sentí que el desaliento me asfixiaba cuando me di cuenta de cuán arraigado estaba este pecado en la vida de Chris. Todavía no sabía si me quedaría en este matrimonio quebrantado o me alejaría de él. No obstante, al mismo tiempo, recuerdo que tenía un solo pensamiento de alivio: "Entonces no fue mi culpa después de todo".

La respuesta de la comunidad

Teníamos un camión lleno de escombros que vaciar y eso también sucedía con nuestra iglesia. Luego de una hora de la confesión de Chris, nuestro pastor Craig Groeschel vino con Jerry, otro pastor. Sus rostros tenían una expresión lastimosa. Sé que querían decir algo que mejorara las cosas, pero simplemente no podían. Entonces Craig me abrazó como si no hubiera un mañana. Quiero decir, su abrazo fue tan largo que me dio la impresión de que lo hacía como si quisiera sacar todo aquel dolor de dentro de mí. Fue un gesto honorable y comprensible, pero no tuvo éxito.

Me imagino que Craig se haya sentido impotente, no solo por lo que esto significaría para LifeChurch.tv sino también porque solo me había conocido durante seis meses y solo un par de semanas de ese tiempo habíamos vivido en la misma ciudad. De modo que afirmar que Craig y yo éramos amigos íntimos en aquel tiempo no hubiera sido cierto. Eso muy pronto cambiaría.

Si usted ha estado dentro de la iglesia cristiana por algún tiempo, independientemente de la denominación, es más que probable que haya escuchado un conjunto de historias acerca de pastores que han caído. Mi esposo había estado en el ministerio de consejería a tiempo completo durante seis años. Nuestra historia era ahora uno de esos tristes casos.

Aquella mañana de martes ha sido una de las mañanas más largas de mi vida. No estaba segura de cuál sería mi próximo paso y tampoco Craig. Pero luego de un par de días, él tomó una decisión que resultó ser la mejor decisión que hubiera podido tomar. Sin embargo, llegar al resultado final implicaría que Chris y yo tendríamos que ser más humildes que nunca antes.

Sacar el pecado a la luz

Ni siquiera me tomé la molestia de maquillarme durante aquella semana. Las personas seguían viniendo a nuestra casa, principalmente miembros de la junta directiva y algunos líderes, y cuando veía la triste y patética mirada en sus ojos, sabía que eran un reflejo de mi propio rostro triste y patético.

Dos días después de la confesión de Chris, Jerry y Lanita vinieron para conversar acerca de los próximos pasos que daría la iglesia. LifeChurch.tv simplemente no podía contratar a una persona para que dirigiera la adoración y luego de seis semanas decir: "Chris decidió tomarse unas vacaciones del ministerio". Qué farsa, aunque creo que muchas iglesias habrían hecho simplemente esto, lo que me hace sentir agradecida por la sabiduría y la integridad de nuestro pastor.

Craig es uno de los hombres más honorables que conozco. Ama tanto la verdad y la justicia que el personal de LifeChurch.tv a veces dice que el ambiente allí se siente como si estuvieran pasando por una lija espiritual. Si alguien está viviendo en pecado y trabajando en LifeChurch.tv, hay grandes probabilidades de que, o confiese su pecado, o se vaya. El alto estándar es difícil de mantener si esa persona está continuamente dando lugar a la carne.

Jerry y Lanita se sentaron con nosotros y nos dijeron que Craig quería enfrentar nuestra situación de manera directa con la iglesia. Nos explicaron que Craig pensaba que debía conversar acerca de nuestra historia con todo el campus. Pero no lo haría sin nuestro consentimiento, una declaración jurada firmada y sellada donde declaráramos que estábamos de acuerdo con su enfoque.

Mi esposo dijo que sí de inmediato. Mirando hacia atrás puedo darme cuenta ahora de cuán deseoso estaba de librarse de una vida que odiaba vivir. Pero aquel día me quedé petrificada en ese mismo instante. No sabía cómo iban a responder las personas y, francamente, no estaba interesada en averiguarlo. Tenía deseos de salir por la puerta y nunca más mirar atrás.

Pero no lo hice debido a los documentos de la hipoteca que había acabado de firmar dos semanas atrás. Estuve de acuerdo en firmar la declaración jurada y, tres días después, Craig compartió nuestra historia con todo el campus. Lo apoyé al cien por ciento mientras hablaba sobre nuestra historia. No digo que no estuviera asustada, porque lo estaba, y mucho. Fue duro, ¿puede usted imaginarse cómo se sentiría sabiendo que su vida completa va a ser expuesta en una predicación ante unos cuantos miles de personas... que escucharían lo que su esposo había hecho mientras ministraba como pastor... que sabrían que no era quien decía ser? Que tal vez pensarían que usted no era lo suficientemente buena como para satisfacer a su hombre. Exactamente.

Sí. Estaba asustada. Y, con toda franqueza, ni siquiera estaba completamente segura de que seguiría casada con él. Así que, cuando escuché la grabación del mensaje de Craig de aquel día, incluyendo la parte cuando dijo a la congregación que yo había escogido permanecer con Chris, me molesté un poco. Todavía no había abandonado a mi esposo y a mi hogar, pero eso no quería decir que hubiera decidido quedarme.

¿Me quedo o no? Esa era la pregunta del millón de dólares. Y necesitaba la respuesta del millón de dólares. Pronto.

Cuando las preguntas impiden la sanidad

En algún momento durante el primer año después de la confesión de Chris, finalmente tome una decisión. Chris y yo estábamos hablando acerca del pasado y no recuerdo exactamente lo que le pregunté, pero tenía algo que ver con un encuentro que había tenido con una mujer. Con mucha gentileza tomó mi mano y me dijo: "Cariño, yo responderé cada pregunta que me hagas durante el resto de mi vida. Pero, ¿mi respuesta te hará sentir mejor?"

Lo miré a los ojos y me di cuenta de que tenía razón. La respuesta no me haría sentir mejor. Lo único que haría sería recordarme la fecha y el momento en que me había sentido como una tonta. Sé que cuando hago preguntas estas surgen de un temor en mi interior. Mi corazón comienza a acelerarse y, literalmente, no tengo la fuerza física o mental para detenerme en mi búsqueda de respuestas. Así que dejé de hacer preguntas.

Y tal vez usted también deba dejar de hacerlas. Algunos detalles (lo que su cónyuge hizo con alguien o dónde lo hicieron o con qué frecuencia sucedió) no van a hacer que su corazón se sienta mejor o que su mente se aclare más. Entiendo que al principio hagamos algunas preguntas porque simplemente estamos intentando comprender la situación. Pero después de un tiempo, es hora de dejar eso y seguir avanzando.

Para mí es fácil decir "dejar eso", ¿no es cierto? Pero no lo olvide, yo he pasado por el camino que usted está atravesando ahora. Si, viví en él durante algún tiempo y experimenté lo que es. Se cuán difícil es dejar eso y no hacer más preguntas. Así que a continuación expongo lo que hice para lograrlo.

Cuando la curiosidad se apoderaba de mí y ardía en deseos de preguntarle algo a Chris, primero me hacía a mí misma dos preguntas: ¿Por qué necesito saber esto? Y ¿esto me ayudará a sanar? La mayoría de las veces, hacer la pregunta solo me iba a dañar más, lo que no favorecería la sanidad. Otras veces, el objetivo de mi pregunta era simplemente saber cuándo me había engañado, alimentando de esa manera mi orgullo, contra el que precisamente estaba luchando.

En última instancia, debemos dejar de hacer preguntas a nuestros cónyuges porque confiamos en que nuestro Padre celestial hará todas las cosas nuevas otra vez. Independientemente de si su matrimonio ha sobrevivido o no, debe liberarse a sí mismo de la falsa necesidad de obtener más información porque esta no le ayudará en su viaje hacia la libertad.

Su viaje hacia la sanidad

1. ¿Puede identificarse con las emociones que sintió Cindy? ¿Qué partes de su historia tocan más de cerca su mente y su corazón? Incluso si es doloroso, trate de pasar tiempo analizando esas emociones. Pídale a Dios una sanidad completa, incluso si esas emociones están atadas a un evento que tuvo lugar hace mucho tiempo.

2. ¿Ha pasado alguna experiencia dolorosa de la cual muchas personas se enteraron? ¿Cómo le hizo sentir eso? ¿Conoce a alguna persona confiable y con temor de Dios con la que pueda conversar?

3. Si ha tenido un "conjunto de días difíciles" así como le sucedió a Cindy, ¿cómo se las arregló para levantarse de su cama cada día y seguir adelante con su vida? ¿Qué necesita todavía para hacer esto si ha sufrido alguna decepción recientemente? Pídale a Dios que satisfaga esa necesidad.

4. Cuando la infidelidad u otra clase de traición tiene lugar en un matrimonio, ¿por qué las personas luchan con la situación de quedarse o marcharse?

5. ¿Ha perdonado usted a su cónyuge (o lo han perdonado a usted) por algo que nunca pensó que ocurriría en su matrimonio?

6. ¿Es difícil para usted creer que la infidelidad tuvo lugar debido a una adicción a la pornografía? ¿Qué adicciones grandes o pequeñas lo agobian a usted o a su cónyuge? ¿Cómo puede usted trabajar para cambiar dichas actitudes antes de que se salgan de control?

Una historia de sanidad en sus propias palabras

KEVIN Y NICOLE

TODAS LAS HISTORIAS QUE VOY A CONTAR en esta sección que se llama "Una historia de sanidad en sus propias palabras" son similares y, a la vez, únicas. Algunas de las historias comenzaron porque los matrimonios estaban luchando pero las necesidades no se estaban satisfaciendo. Algunas de las relaciones extramatrimoniales comenzaron debido a la adicción a la pornografía.

Algunos de los que fueron infieles fueron hombres; otras fueron mujeres. O ambos. Algunos estaban en el ministerio a tiempo completo en la iglesia; otros trabajaban fuera de la iglesia. Algunos eran padres; otros no.

Las personas que cometen adulterio vienen en todas las formas, tamaños y razas, y son muy diferentes entre sí. No existe un molde que haga que alguien se convierta en adúltero. Sí creo, no obstante, que los matrimonios que sobreviven al adulterio tienen algo en común. Tanto el esposo como la esposa están dispuestos a perdonar y reciben el perdón en vez de vivir en la vergüenza. Ambos están deseosos de mirar dentro de sus propias vidas y ver cómo pudieron haber contribuido a que su matrimonio se haya hecho vulnerable. Ambos tomaron decisiones aunque no siempre parecieron ser las correctas.

Ya sea que usted haya estado antes en este camino o no, es mi deseo que se sienta animado por el corazón de estas personas que han elegido buscar ayuda luego de un tiempo de prueba tan duro. El adulterio pudo haberlos sacado del juego y haber cambiado su futuro de la peor manera para siempre, pero no lo aceptaron.

Chris y yo tratamos de ayudar a tantas parejas como nos es posible, parejas que han sufrido la infidelidad dentro del matrimonio. Casi nunca empleamos nuestro tiempo con parejas que simplemente necesitan una consejería o que simplemente desean aprender cómo comunicarse mejor. Esto puede sonar crudo, rudo, o incluso, insensible, pero la realidad es que hay demasiadas parejas que ayudar a lidiar con los efectos de la infidelidad. Y por el hecho de que nosotros hemos estado allí y "tenemos un archivo" sobre ese tema, intentamos ayudar. Digo "intentamos" porque no todas las parejas están dispuestas a hacer lo que se necesita para hacer que sus matrimonios funcionen. Puede que uno de los cónyuges esté dispuesto, pero el otro puede estar expresándose solo de labios para afuera.

A pesar de eso, con el paso de los años, nos hemos encontrado con algunas parejas que han escogido el camino difícil y hacerle frente al tema de su infidelidad. Me gustaría que escuchara la historia de seis parejas. Decidí dedicar un poco de tiempo para compartir sus historias porque a todos nos encantan las historias de redención.

(Alguien por favor diga: amén).

Estas parejas han abierto sus corazones para que usted se sienta animado al ver cuán asombroso es nuestro Dios, incluso a través de la fealdad que acompaña al adulterio. No querrá perderse lo que ellos tienen que compartir. Aquí está nuestra primera historia.

ᘓᗅᕽ

Espero poder conocer personalmente a Kevin y Nicole algún día. Nicole y yo hemos sido amigas por correo electrónico durante un par de años e incluso hemos hablado por teléfono. Nos contamos acerca de nuestros esposos y pensamos que tal vez los separaron al nacer. Así de similares son ellos.

Kevin y Nicole han vivido su historia públicamente y son muy abiertos a la hora de hablar acerca de las pruebas y la sanidad que han vivido. Kevin era adicto a la pornografía y, con el tiempo, lo llevó a la acción en repetidas ocasiones y con muchas personas durante algunos años. ¿Le suena familiar?

A medida que lee sobre su experiencia, escuchará cosas muy provechosas. Entenderá cuán profundamente comprometidos están con Cristo y con la proclamación de su reino en la tierra, incluso si tienen que atravesar el valle de sombra de muerte. Me siento muy honrada y humilde al ver cómo Dios ha podido usar la historia que vivimos Chris y yo para ministrar a esta hermosa pareja. Mi Redentor vive. Y el suyo también.

❧

CINDY: Nicole, ¿cuál fue tu reacción inicial cuándo supiste acerca de la infidelidad de Kevin?

NICOLE: Sé que suena loco, pero cuando Kevin se acercó a mí para confesar, puse mis manos sobre él y oré por él antes de hacer cualquier otra cosa. Era todo lo que sabía hacer. Dios me había comunicado en ese instante que estaba mirando el rostro de una persona que estaba muy enferma pero que finalmente había salido de su escondite, alguien que entraría en un gran recorrido para reconocer que la gracia de Dios era suficiente para él.

Pero en el transcurso de las horas siguientes, el dolor, la devastación, la incredulidad, el impacto, la desorientación, una furia ciega y un dolor muy, muy profundo me inundaron. Sentí como si una ola gigantesca hubiera llegado a mi vida y yo estuviera tratando de mantenerme a flote, luchando por mantener la cabeza fuera del agua.

CINDY: Kevin, ¿alguna vez pensaste en algo así como cometer adulterio?

KEVIN: Cuando respondí "Acepto" el día de mi boda, nunca planifiqué llegar a este punto. Y el día en que me "desperté" no tenía idea de cómo había llegado a ese lugar de rebelión y autocomplacencia absoluta. Era un rápido ciclo que me halaba hacia abajo, alimentado por la pornografía, la lujuria y la baja autoestima. Era un pozo de pecado abierto en el infierno.

CINDY: Nicole, ¿qué te hizo decidir quedarte?

NICOLE: Una de las cosas más importantes fue que yo tenía un cónyuge cien por ciento comprometido conmigo y con mis hijos. Estaba muy feliz de que su vida secreta hubiera terminado y que estuviera viviendo con tanta libertad bajo la gracia de Dios; él pudo amarnos a los niños y a mí de una manera nueva y más profunda.

El hecho de que no intentó justificarse y que estaba dispuesto a hacer lo que fuera necesario para facilitar también mi sanidad marcó la diferencia.

CINDY: Kevin, ¿cómo has lidiado con el dolor que has visto en los ojos de Nicole durante años?

KEVIN: No me pongo a la defensiva porque sé que este viaje es mi culpa. Estoy consciente de que tendré que luchar durante el resto de mi vida para recuperar el corazón, la confianza, el amor y el alma de mi esposa. Trato de sentir el dolor en vez de ignorarlo.

CINDY: Nicole, ¿cómo has podido perdonar a Kevin?

NICOLE: Cierto día, di un gran paso hacia el perdón, al darme cuenta de que podía morir si continuaba sin perdonarlo. Con la esperanza de liberarme, aquel día lo perdoné, pero continúo en ese proceso cada día. Cada vez que tomo la decisión de no vivir en el pasado, estoy escogiendo perdonar. Cada vez que tomo la decisión de acallar mi lengua cuando lo que quiero en realidad es destruirlo con ella, estoy escogiendo perdonar. Cada vez que tomo la decisión de entregar mi dolor a Dios en vez de castigar a Kevin con él, estoy escogiendo perdonar. Es muy difícil. Todavía no creo que lo haya logrado, lo que sea que esto signifique. Pero sigo insistiendo.

CINDY: ¿Cuál es el nivel de confianza actual en su matrimonio?

NICOLE: Honestamente puedo decir que Kevin hizo que fuera muy fácil confiar en él otra vez. Una vez más, todo tiene que ver con su nivel de quebrantamiento y su deseo de ser sanado y de que yo fuera sanada sin importar el costo. Estaba tan feliz de que su vida vieja hubiera sido expuesta y de por fin poder comprender cuán bajo había caído que, gustosamente, se sometió a cualquier rendición de cuentas que se le demandara. Puedo decir que probablemente esta fue la parte más fácil de nuestro viaje debido a cómo él respondió ante la situación.

KEVIN: A partir de ese momento viví en un constante estado de rendición de cuentas y llamaba a mis consejeros diariamente. Le ofrecí a mi esposa cualquier información o ayuda que necesitara. Le decía donde estaba todo el tiempo. Dejé de usar la computadora y comencé a cultivar mi relación con Dios. He permanecido libre de la pornografía y de todas las cosas que se habían convertido en un hábito en mi vida pasada. Todavía comparto con otros hombres para rendirles cuentas y para que me ayuden a crecer en mi aventura con Dios. Creo que Nicole confía en que nunca regresaré al lugar de donde salí. Ella sabe que odio a aquella persona que fui.

CINDY: ¿Cómo está tu matrimonio hoy?

NICOLE: En proceso. No estamos donde queremos estar, pero tampoco estamos donde estábamos antes. He luchado con la lentitud de este viaje. Deseo sentirme sana y tener el agradable y limpio orgullo de tener un matrimonio perfectamente sanado. Todavía no lo es. Pero me siento feliz en mi viaje. Estoy aprendiendo a vivir otra vez. Quiero que Dios use cada etapa de nuestra historia para glorificar lo que ha hecho y quién es Él. Muchas personas afirman: "No puedo creer lo fuerte que eres". Y siempre les respondo: "Usted no se imagina lo débil que soy. Es solo por Jesús que estoy aquí y que todavía vivo". Él es el héroe de esta historia.

KEVIN: Siento como si estuviéramos en un altiplano. No sabemos con seguridad lo que nos espera a continuación. Hemos estado esforzándonos por sobrevivir durante tanto tiempo que nos hemos olvidado de simplemente sentarnos, relajarnos y conocernos el uno al otro otra vez. Dicho esto, sé que no estamos donde estábamos antes, pero estamos lejos de estar donde quiero que estemos. Todavía nos queda un largo camino por delante. Pero creo que Dios puede una vez más poner un soplo de vida en estos huesos secos y devolverlos a la vida. Creo que Dios está trabajando en esto y que terminará lo que empezó. Me estoy agarrando de las promesas de Isaías 61:4: "Reconstruirán las ruinas antiguas, y restaurarán los escombros de antaño; repararán las ciudades en ruinas, y los escombros de muchas generaciones".

En búsqueda de respuestas verdaderas

OJALÁ SUPIERA CUÁL ES SU LUCHA. Su senda o su prueba puede ser similar a la mía o a la de Chris o a la de las parejas cuyas historias reflejo en este libro. Pero usted tiene sus propias necesidades en este momento en su vida en que la confianza está quebrantada y se encuentra en búsqueda de la sanidad. A medida que alguien se enfrenta a algo tan devastador como la infidelidad o la pérdida de cercanía en la relación, con el tiempo se da cuenta de que para sanarse tiene que lidiar con sus decisiones personales, con sus necesidades más profundas e incluso con su equipaje. Así que mientras se concentra en el "asunto principal" o en la serie de pequeñas traiciones, inevitablemente también estará parado frente a una pared de sus propias necesidades.

Como mencioné antes, yo quería respuestas, muchas, pero respuestas a las preguntas equivocadas. Esto lo sé porque las respuestas no me traían sanidad. Me traían más dolor. Estaba tratando de volver a abrir la herida una y otra vez para intentar comprenderla. Pero una herida a la que no se le permite cerrarse nunca sanará. Entonces, ¿qué hacer?

Hay que empezar a buscar las respuestas de Dios.

La única pregunta en la que por fin decidí centrarme no estaba

enfocada en lo que había hecho Chris en el pasado que había roto mi corazón. Más bien, se enfocaba en lo que yo haría en el futuro. ¿Continuaría casada con un hombre que me había traicionado a mí y a nuestra unión santa, pero que también parecía tener un profundo dolor santo debido a sus acciones?

Me sentía como si nadie a mi alrededor quisiera que le hiciera a Dios la pregunta acerca de si debía irme o quedarme. Parece que pensaban que si posponía esa pregunta, tal vez permanecería en el matrimonio sin ningún tipo de confirmación de Dios. Quizás no querían que preguntara porque tenían miedo de que, de alguna manera, escuchara a Dios incorrectamente debido a mi estado emocional afectado. O tal vez tenían temor de que Dios me liberara del lazo de mi matrimonio y entonces, ¿cómo enfrentarían eso mis seres amados, los niños, los amigos y la iglesia?

La cosa se complica, ¿cierto?

Salir de una manera saludable

Si yo hubiera salido por la puerta de enfrente justo después de la confesión de Chris, hubiera sido difícil regresar. Alguna vez. Así que me quedé muchos días para escuchar lo que Chris tenía que decir, a derramar lágrimas y a recibir alguna consejería de personas con temor de Dios. Luego supe que había llegado el momento de alejarme por un tiempo. El hecho de ver a Chris y de tener que interactuar con él cada día renovaba mi dolor, haciéndome sentir atrapada, cautiva, sola y confundida con respecto a mis emociones.

Necesitaba un escape temporal de modo que pudiera comenzar a procesar las emociones y los pensamientos que estaban abrumando mis sentidos. Así que empaqué algunas cosas mías y de Noah y nos fuimos a visitar a mi mamá durante una semana. Ella hizo un gran trabajo lidiando con su dolor y frustración por mi situación. La mayor parte del tiempo simplemente me escuchó y dejó que mis pensamientos se desbordaran y también me permitió tener momentos de silencio siempre que los necesitaba. No puedo imaginarme cómo sería permanecer con la cabeza tan fría al ver a una hija sufrir tanto, sin embargo, su reacción era exactamente lo que yo necesitaba.

Mamá me concertó una cita para ir a hablar con su pastor. No me entusiasmaba mucho la idea de encontrarme con él porque estaba segura de que iba a ser otro momento difícil, otro ejercicio inútil de humillación y vulnerabilidad. ¿Acaso ya no había tenido suficiente en Oklahoma, el lugar del que me había escapado? ¿Y qué rayos podía decirme este hombre, a quién yo no conocía, que me ayudara? Mi vida estaba patas arriba. Mi matrimonio parecía estar muerto. Mi futuro, como mínimo, se veía sombrío. ¿Realmente quería esparcir mi dolor y melancolía en otro estado?

No.

Pero fui de todas maneras. Era una esposa y madre de 31 años, pero también era la bebé de mi mamá. Decidí complacerla y asistir a la cita. Estaba demasiado letárgica y cansada como para discutir. La senda que ofrece menor resistencia parece ser una opción razonable cuando uno se siente incapaz de tomar decisiones.

El martes 5 de marzo de 2002, tuve una cita con el pastor Dan. Lloré mucho en frente de aquel extraño mientras volvía a contar la historia. No había condenación en sus palabras ni en sus acciones. Era un verdadero pastor.

Luego de terminar de contar mi historia, la cual sonaba más increíble cada vez que la repetía, esperé su respuesta pastoral, la que estaba convencida de que sonaría muy...bueno, pastoral. Había estado en el ministerio el tiempo suficiente como para saber que hay algunas cosas que los pastores dicen cuando suceden cosas malas. Incluso yo las decía en mi posición como esposa de pastor. Pero estaba orando para no escuchar esas respuestas de él. Necesitaba un consejo frío y duro que me mostrara qué camino tomar. ¿Debía continuar casada con este hombre al que le había entregado mi vida aquel día de enero de 1993, o soltaba mis amarres, empacaba mis cosas y emprendía el camino? Necesitaba una respuesta y pronto. Mi corazón simplemente no soportaba más.

Su respuesta fue muy pastoral y llena de gracia. Sin embargo, no era otra cosa que una respuesta de escuela dominical y, definitivamente, no la que yo estaba esperando. Dijo: "La respetaría si usted siente que debe terminar con su matrimonio. Lo que ha soportado es muy difícil. Pero no piense que es una tonta si se queda para ser parte de la obra redentora en la vida de un hombre".

Todavía puedo escucharlo diciendo aquellas palabras. No soy una tonta al quedarme y ser parte de la obra redentora en la vida de un hombre. Ah. ¿De veras? Porque la última vez que lo pensé, todo este mundo podrido habría dicho que lo soy. El que una vez engañó, siempre va a seguir engañando, ¿cierto? ¿Quién rayos permanece con un hombre que ha cometido varios actos de adulterio y que embarazó a otra mujer, todo esto mientras, como pastor, hablaba acerca del amor de Jesús? ¿Quién hace eso?

Al parecer yo.

La respuesta que me dio fue definitivamente inesperada, pero la recibí de todo corazón. Dos semanas habían pasado desde la confesión de Chris y era la primera vez durante aquellos 14 días que sentía algo de paz o esperanza. Esas dos bondades habían estado fuera de mi corazón, de mi alma, de mi cuerpo y de mi espíritu desde que Chris me había lanzado la bomba. Y aunque no puedo explicárselo completamente, supe que Dan hablaba en nombre de Dios. Había sido el mensajero de Dios disfrazado de un ministro bautista en sus cuarenta años.

En aquel momento de mi vida tenía muy pocas esperanzas. Es difícil definir esto y hallarle sentido, pero uno sabe cuando tiene esperanzas y cuando no las tiene. A medida que manejaba de regreso a la casa de mi madre, la casa de mi infancia, y me adentraba en la carretera, me sentí ligeramente alentada y tuve un atisbo de esperanza.

Quizá nuestro matrimonio podía sobrevivir a pesar de todo.

Quizá.

Anhele una palabra de Dios

Las palabras de Dan aquel día fueron para mí un faro de luz, pero todavía no estaba segura de cuál sería mi decisión. Estaba pidiéndole más a Dios. Necesitaba escucharlo a Él. Necesitaba conocer sus planes y sus respuestas para mi futuro y el de mi familia. A pesar de lo fuerte que era mi deseo de agarrar a mi hijo de tres años y huir tan lejos como pudiera de la civilización, no podía negar el compromiso y la rendición que había hecho ante el Señor en 1996 para servir en el ministerio. A pesar de las acciones de Chris, sabía que el llamado para el ministerio no era solo para él. Era también para mí. A pesar de que nunca percibí un salario por ello, me sentía tan llamada como él a servir a la iglesia. Fue entonces cuando comprendí enteramente que las decisiones que tomara a partir de ese momento en adelante no tenían que ver con mi reacción a la confesión de Chris, sino a la guía de Dios, tal y como lo habría sido en cualquier otra circunstancia. Con este entendimiento guardado en mi corazón y ofreciéndome un sentido mayor de lo que necesitaba, decidí ir a ver a mi amiga Ana María en San Antonio y asistir a su iglesia. Respetaba a su pastor y, simplemente, *sabía* que él era quien me diría lo que Dios quería que yo hiciera. Cuando llegué a la casa de mi amiga, me dijo que su pastor no estaría en la iglesia ese domingo. Me sentí decepcionada; había perdido mi oportunidad de recibir alguna guía.

No obstante, una vez en la iglesia, adoré a Dios a través de mis lágrimas. Honestamente no me importaba que me estuvieran viendo llorar como una idiota. Toda la ciudad de Edmond, Oklahoma, conocía mi historia (o así me parecía a mí) y algunas personas en Georgetown, Texas. Podía soportar que algunas mujeres de cabello gris me miraran en San Antonio.

Escuché con atención el mensaje que predicó la persona invitada. Tenía miedo de perderme lo que Dios me iba a decir y estaba desesperada porque a la mañana siguiente manejaría de regreso a Oklahoma. No quería regresar con mi esposo sin tener algo que me sostuviera, algo que me sostuviera el tiempo suficiente como para no querer salir corriendo por las colinas.

Al final del mensaje, Ana María se acercó y me dijo: "Ese sermón fue para ti, ¿eh?" Lo gracioso es que hasta este momento no me acuerdo de lo que se predicó aquel día, ni siquiera de una frase que haya dicho el predicador o de un pasaje al que haya hecho referencia. Cuando el predicador concluyó, miró a una joven mujer a su izquierda y le dijo: "Creo que tenemos una palabra de Dios en el día de hoy". Ella se paró con la Biblia en la mano y empezó a leer: "Pues la visión se realizará en el tiempo señalado; marcha hacia su cumplimiento, y no dejará de cumplirse. Aunque parezca tardar, espérala; porque sin falta vendrá." (Habacuc 2:3).

Todo mi ser temblaba mientras ella leía ese versículo. Honestamente no sé por qué Dios decidió hablarme a través de uno de los profetas menores como Habacuc. ¿Por qué no a través de David? ¿O de José? ¿Y qué hubo de Job? Ellos pasaron mucho de su tiempo en lucha y peligro. No entendí ni una palabra de eso, pero no me cabía duda de que Dios me estaba diciendo que tenía algo preparado para mí en el futuro. A medida que permitía que esa idea penetrara en mi ser, lloraba profusamente. *Algo* dentro de mí me decía que había algo mayor en el futuro y que necesitaríamos paciencia para soportar hasta que llegara. Caminé fuera de aquella iglesia sintiéndome una mujer diferente: una mujer llena de esperanza.

La fidelidad de Dios

Después de almorzar, fui con Ana María a visitar a una amiga de ella. Era músico y, al poco rato de haber llegado, estábamos sentadas al piano y cantando juntas. Mi corazón todavía estaba muy tierno y, luego de unos segundos, las lágrimas rodaban por mi rostro. Empecé a contarle lo que estaba sucediendo con mi matrimonio. Confortó mi alma escuchándome sin darme ningún consejo ni decir ninguna palabra ligera para hacerme sentir mejor. Hizo algo aun mejor.

Dijo: "Cindy, siento que debo compartir un versículo contigo". Dejó el piano para ir a buscar su Biblia. Cuando regresó dijo: "En Habacuc 2:3 dice que la visión se realizará en el tiempo señalado, marcha hacia su cumplimiento…"

A pesar de que pensé: "¡Quién rayos lee Habacuc!" tuve que reconocer lo que estaba sucediendo. Dios no solo había atendido mi petición dándome un versículo de su Palabra, sino que lo hizo dos veces. Estoy bastante segura de que Dios sabía que tendría que golpearme la cabeza con su mensaje antes de que yo lo acogiera en mi corazón y lo obedeciera. La infidelidad humana había roto mi corazón, pero el camino a la sanidad estaba abriéndose sin duda alguna desde la fidelidad inalterable de Dios.

Todo lo que pude hacer después de eso fue alabar a Dios por ser tan dulce conmigo. Muchos pensarían que se demoró en dar a conocer su mensaje, pero yo estoy consciente de que lo hizo en el tiempo exacto.

La respuesta que importa

Mientras conducía de regreso a Georgetown esa tarde, escuchaba la voz de Dios una y otra y otra vez en mi cabeza. "¿Confías en mí?" Vacilaba para contestar; sabía lo que significaría decir que sí. Significaría permanecer en un matrimonio que estaba profundamente herido, casi destruido. Significaría perdonar a un hombre por romper sus votos matrimoniales una y otra vez. Significaría permanecer en un matrimonio donde no existiría la confianza hasta que Chris pudiera construir de nuevo esa confianza, lo que podía tomar el resto de la vida. Pero después de luchar en oración y de recordar las promesas que Dios me había dado en su Palabra, respondí.

Dije que sí. Con lágrimas, con dolor, con quebrantamiento…pero también con esperanza.

Y en el instante en que esa palabra salió de mi boca, la paz indescriptible y sobrenatural de Dios, que sobrepasa *todo* entendimiento, llenó mi corazón, mi alma y mi mente. Eso era todo lo que Dios quería de mí. Quería que levantara la bandera blanca, que levantara las manos en señal de rendición. Quería que yo hiciera esto para Él poder obrar. Dios habló alto y claro, no una vez, sino dos, en las palabras de dos personas separadas e insospechadas. La semana que pasé en Texas resultó ser un momento crucial en mi vida.

El siguiente paso sería confiar que la paz y la esperanza que Dios acababa de derramar en mí permanecerían durante la noche y hasta la mañana. Había recibido algunos trasplantes de esperanza durante la semana anterior, pero todavía tenía mis dudas de que si la mañana siguiente sería diferente al resto de las 20 mañanas anteriores. No obstante, continué avanzando, poniendo un pie después del otro, agarrada de la esperanza de que estaba comenzando una nueva etapa de mi viaje.

Por primera vez en tres semanas, me desperté de mi sueño la mañana siguiente sin aquella sensación de estar enferma, aquella horrible comprensión de que mi vida pasada se había terminado. Por alguna extraña e inexplicable razón, me sentí alentada al pensar que quizás, solo quizás, algo bueno le esperaba a nuestra familia.

Coloqué las maletas en el SUV, le puse el cinturón a mi hijo de tres años en su silla del carro y me encaminé hacia el norte, hacia Oklahoma. Me dirigía a mi hogar con mi esposo.

Algo para permanecer firme

Encontrar verdades para permanecer firme es vital para nuestra vida de fe, y nunca tanto como cuando otros nos han decepcionado, o nosotros nos hemos decepcionado a nosotros mismos, y la verdad falta en nuestras vidas. Uno se siente realmente como si estuviera en mar abierto sin un remo, una balsa o un chaleco salvavidas cuando las mentiras comienzan a arrastrarlo a usted y a la vida que una vez tuvo. La sabiduría de las personas con temor de Dios le ayudarán a mantenerse a flote, pero será la verdad de Dios lo que lo lleve a tierra firme, desde donde tendrá una mejor perspectiva, ¡eso sin mencionar que estará más seguro!

Mi viaje a Texas me había ayudado a redirigirme hacia las verdades de Dios. De modo que después de regresar a la casa en Oklahoma, con un atisbo de esperanza y una sensación abrumadora de que Dios me amaba, estaba hambrienta por más de su verdad para mi situación y mi vida de aquel día en adelante.

Me acordé de un viaje que Chris y yo habíamos hecho a Panama City Beach, Florida, con un grupo de niños de la iglesia de Tennessee donde Chris era pastor de jóvenes. Nosotros y los niños estábamos muy emocionados por la experiencia que estábamos viviendo porque uno de los conferencistas invitados era Josh McDowell.

Décadas atrás, McDowell estaba en busca del significado de la vida. Había probado con la religión, pero no estaba satisfecho. Entonces se dedicó a la tarea de demostrar que el cristianismo era falso. En busca de su objetivo, arribó a las siguientes conclusiones acerca de las verdades que están en la Biblia y en las que nos podemos afirmar.

- Jesucristo es quien dijo que era.
- Existe evidencia histórica para confiar en las Escrituras.
- La resurrección de Jesús tuvo lugar.[1]

Tomé la decisión de continuar en mi matrimonio debido a la palabra que Dios me dio en Habacuc 2:3, así que puede imaginarse que el consejo vino de primera mano. Para mí habría sido fácil simplemente escuchar consejos sabios y hacer lo que otros pensaban que debía hacer, razón por la que seguí preguntándole a Dios. Sé que la Palabra de Dios es verdadera. Confío en ella. La creo. Hago lo mejor que puedo para vivirla.

Hasta el día de hoy, las palabras de McDowell han proporcionado más estabilidad y claridad para mi fe en Cristo que cualquier otra cosa que haya escuchado. Aprendí que la Palabra de Dios había sido escrita durante un período de 1500 años por más de cuarenta autores, en diferentes lugares, en idiomas diferentes. Aprendí que abarcaba muchos temas diferentes, muchos de los cuales son controversiales. Y a pesar de todas esas diferencias, desde Génesis hasta Apocalipsis los autores mantienen la armonía y la continuidad con respecto a una historia que nos están revelando: la redención del hombre por parte de Dios.

No entiendo completamente cada parte de la Palabra inspirada de Dios y no espero poder hacerlo. Dios habla con mucha claridad a Isaías acerca de esto: "Porque mis pensamientos no son los de ustedes, ni sus caminos son los míos —afirma el Señor—. Mis caminos y mis pensamientos son más altos que los de ustedes; ¡más altos que los cielos sobre la tierra!" (Isaías 55:8-9).

Encuentre un equilibrio

Puede que usted esté en un momento de su vida muy parecido al que yo me encontraba hace algunos años. Puede que crea en Dios y lea su Palabra y hable con otros acerca de su amor. Yo también hice todo eso. Pero puede que no esté totalmente consciente del fundamento en el que se basa su fe. Mi deseo es que usted continúe en el viaje para conocer no solo lo que cree sino también por qué lo cree. Y créame, no hay nada como tener el mundo virado al revés y removido en lo más profundo para impulsarlo a comenzar de nuevo.

¿Es suficiente la gracia de Dios?

¿Qué significa exactamente que la gracia de Dios es suficiente para mí? ¿Qué su poder se perfecciona en la debilidad? Tal vez usted está familiarizado con este pasaje:

Para evitar que me volviera presumido por estas sublimes revelaciones, una espina me fue clavada en el cuerpo, es decir, un mensajero de Satanás, para que me atormentara. Tres veces le rogué al Señor que me la quitara; pero él me dijo: «Te basta con mi gracia, pues mi poder se perfecciona en la debilidad.» Por lo tanto, gustosamente haré más bien alarde de mis debilidades, para que permanezca sobre mí el poder de Cristo. Por eso me regocijo en debilidades, insultos, privaciones, persecuciones y dificultades que sufro por Cristo; porque cuando soy débil, entonces soy fuerte. (2 Corintios 12:7-10).

Estoy lejos de ser una teóloga, ¡pero esto no me suena *nada* gracioso! ¿Una espina me fue clavada en el cuerpo para que me atormentara? Ay. ¿Un mensajero de Satanás? ¡Sal de aquí!

Antes de la confesión de Chris, había leído ese pasaje cientos de veces. Estoy bastante segura de que puedo repetirlo de memoria. Pero a pesar de que podía leerlo y citarlo, realmente nunca lo entendí hasta que fui a buscarlo. Permítame explicarle.

Decidí hacer una pequeña investigación acerca de este pasaje de las Escrituras. Mi primera parada fue en una paráfrasis más reciente de la Biblia que parece que ha podido ayudar a las personas como yo a entender mejor la Palabra de Dios.

Debido a la extravagancia de aquellas revelaciones, y para que no me enorgulleciera, me fue dado el regalo de una limitación que me mantuviera constantemente consciente de mi condición. El ángel de Satanás hizo su mejor esfuerzo para derribarme; lo que hizo, de hecho, fue ponerme de rodillas. ¡Entonces no había peligro de que estuviera paseándome altivo y orgulloso! Al principio no lo tome como un regalo, y le pedí a Dios que lo quitara. Lo hice en tres ocasiones, y entonces me dijo:

> Mi gracia es suficiente para ti; es todo lo que necesitas. Mi poder se perfecciona en tu debilidad.

Cuando escuché esto, me sentí feliz de haberlo escuchado. Dejé de enfocarme en mi limitación y empecé a apreciar el regalo. Se trataba de la fuerza de Cristo moviéndose en medio de mi debilidad. Ahora tomo las limitaciones de otra manera, y con buen ánimo, esas limitaciones que me impiden agrandarme: el abuso, los accidentes, la oposición, los malos momentos. ¡Simplemente dejo que Cristo se encargue! Así que, mientras más débil soy, más fuerte me siento (Traducción directa de la versión inglesa *The Message*).

Leer esa versión me ayudó a comprender mucho mejor el pasaje. No obstante, todavía necesitaba más claridad en una parte: "Mi gracia es suficiente para ti". Sé lo que cada una de las palabras de esa frase significa por separado, pero todas juntas me confundían. Todavía tenía que encontrar las palabras que necesitaba para impartir esta verdad bíblica a mi ser. De modo que hice lo que haría cualquier persona normal haría cuando quiere llegar al fondo de algo que no entiende.

Busqué en el diccionario.

El diccionario Webster define *gracia* como "ayuda divina e inmerecida dada a los humanos para su regeneración y santificación". A continuación escribo la manera en que reformulé la frase para poder comprenderla mejor: "La ayuda divina e inmerecida que te ofrezco es suficiente para ti".

Mi esfuerzo por entender mejor este pasaje de las Escrituras me llevó a revisar varios comentarios. Después de leer mucho, puedo llegar a la conclusión de que, a pesar de que Pablo oró para que le quitaran esa espina, Dios no se la quitó pero le dio la fuerza para soportarla. A menudo, Dios trabaja de esa manera. Puede que no nos libremos de pruebas, dolor o dificultades, pero su fuerza es suficiente para que salgamos vencedores.

La ayuda divina e inmerecida de Dios es suficiente. Punto final. Es suficiente cuando las cosas van muy bien y todas las estrellas están en su sitio, y es suficiente cuando Dios permite que algo terrible suceda en su vida. Es suficiente. No es fácil, pero es lo que necesitamos. Y alabe a Dios por eso.

Espere la gracia para enfrentar lo inesperado

A menudo me siento incómoda cuando las personas se me acercan con alabanzas que no merezco. Muchos se asombran de que haya podido permanecer en mi matrimonio con un hombre que me dañó tan profundamente. Otros se animan al ver cómo estuve dispuesta a arriesgar mi corazón para hacer que mi matrimonio funcionara. Es como si las personas pensaran que desde el inicio yo estaba completamente fuerte. No es así. Todavía no lo estoy. Estoy segura en mi nueva vida y relación con Cristo, pero llegar allí demoró algún tiempo.

No pensaba que mi vida continuaría así. Nunca imaginé que un día, durante la reunión de celebración del 20 aniversario con mis compañeros del colegio, les diría a las personas que mi matrimonio estuvo a punto de terminar debido a la infidelidad y que tengo tres hijos, pero el del medio vive con su mamá en otro estado. ¿Qué le parece eso como rompehielos para una conversación? Hay muchas cosas de mi vida que me gustaría cambiar, pero no paso mucho tiempo pensando en esto. El pasado es pasado. No tiene sentido llorar por algo que ya pasó. Acéptelo. Aprenda de ello. Laméntelo. Continúe adelante. Eso es lo que yo hago.

Dios no me libró de la infidelidad. No me libró del dolor a pesar de que rogué por mi esposo y por mi familia durante años. Pasé por un dolor y una humillación innecesarios que pudieron haberse evitado si mi esposo hubiera lidiado con su adicción y hubiera buscado ayuda verdadera. En aquel momento. Aprendí que todos los seres humanos son capaces de pecar en maneras que nunca imaginaron, y perdí algo de mi fe en la humanidad. El siguiente, por favor.

También aprendí que lo que Dios dice en su Palabra, la Santa Biblia inspirada, es absolutamente, sin sombra de duda, cierto. Que de veras Él recoge las cenizas y hace algo hermoso con ellas. Que de veras hace desbordar su paz, que sobrepasa todo entendimiento, cuando uno ora y pone delante de Él todas las cosas. Que de veras puede usar el poder de un testimonio para traer a aquellos que están lejos para que comiencen a vivir una relación con él.

¿Es su gracia suficiente?

Puede apostar cada dólar que tenga a que sí.

Su viaje hacia la sanidad

1. ¿Adónde va o a quién corre cuando los problemas llegan a su vida?

2. ¿Cree que Dios habla a su pueblo a través de su Palabra? ¿Alguna vez le ha hablado a usted de esa manera?

3. ¿Es la gracia de Dios suficiente para enfrentar la circunstancia que está viviendo? Si no es así, ¿cómo puede llegar a pensar que sí lo es?

4. ¿Le ha pedido a Dios que lo guíe en su situación? ¿Se ha acercado a él para presentarle sus anhelos, sus necesidades y esperanzas? Hágalo ahora. Ore y vea cómo Dios comienza a guiar su vida.

4

Aprender a sobrellevar

SU CAMINO A LA RESTAURACIÓN puede ser diferente al mío, pero puedo decirle que comenzará de la misma manera: poniendo un pie delante del otro y enfocándose en lo que debe hacerse hoy y en su esperanza para el mañana.

Uno de nuestros primeros pasos fue hacer cosas en familia de nuevo. Esta decisión de compartir juntos las tareas y las actividades recreativas nos hizo avanzar. Las cosas estaban mejorando y estábamos comunicándonos mejor que nunca, teníamos algunos días muy buenos pero también había otros muy malos.

El miedo de no ser suficiente

Dios había cambiado mi corazón verdaderamente mientras yo estaba en Texas, pero todavía estaba luchando con el hecho de que mi esposo había embarazado a otra mujer. Cada vez que eso venía a mi memoria me sentía indignada. Indignada porque renunciar a las demás personas era parte de nuestros votos matrimoniales. Yo estaba completamente consciente de eso. Mi declaración de amor por él probaba eso. Yo no necesita

ni quería a otro hombre en mi vida. Chris Beall era suficiente. Pero cuando pasó el tiempo no podía evitar preguntarme si yo era suficiente para él. Me aseguró que sí y que su comportamiento fue debido a su adicción a la pornografía. No era mi culpa.

No obstante, no podía evitar preguntarme si había algo que hubiera podido hacer diferente. Quizás podía haber sido más delgada, más rubia, más agradable y divertida... me atrevo a decir, un poco más traviesa en la cama. ¿Eso habría funcionado para él? ¿Eso habría evitado que me engañara?

Batallé mucho con ese asunto. Pasé muchos días preguntándome qué estaba mal conmigo y finalmente caí en cuenta de que nada estaba mal conmigo. De ninguna manera estaba clamando por la perfección, pero cuando Chris me reveló más información sobre su adicción, me di cuenta de que él era adicto incluso desde los días en que yo estaba más feliz con mi apariencia física. Los días en que me podía poner un bikini sin tener que meter la barriga hacia adentro. Los días cuando todo estaba en su lugar y completamente bien, si entienden lo que quiero decir. Entonces, cuando me vi obligada a aceptar este dolor con él, comencé lentamente a liberarme de esa carga innecesaria que había puesto en mí misma. Pero no fue fácil. Fue una batalla mental diaria que enfrenté y que todavía enfrento hoy.

Todo lo que necesitamos

Cuando pienso en cómo tuve que transformar mi mente de una forma permanente, no puedo evitar pensar en Moisés. Aquí tenemos a un joven a quien Dios llamó para liberar a los israelitas del régimen de Faraón. Tuvo que ir a ver a Faraón y pedirle que liberara a su pueblo y luego tuvo que convencer a su pueblo de que estaba a favor de ellos.

Pero presten atención, Moisés pasó por esta situación. No se siente bien consigo mismo y piensa que otra persona será mejor para ese trabajo. En el capítulo cuatro de Éxodo, oímos a Moisés suplicándole al Señor después que le ha dado instrucciones específicas sobre los próximos pasos a seguir.

"—Señor, yo nunca me he distinguido por mi facilidad de palabra

—objetó Moisés—. Y esto no es algo que haya comenzado ayer ni anteayer, ni hoy que te diriges a este servidor tuyo. Francamente, me cuesta mucho trabajo hablar. ¿Y quién le puso la boca al hombre? —le respondió el Señor—. ¿Acaso no soy yo, el Señor, quien lo hace sordo o mudo, quien le da la vista o se la quita? Anda, ponte en marcha, que yo te ayudaré a hablar y te diré lo que debas decir". —Señor —insistió Moisés—, te ruego que envíes a alguna otra persona. (Éxodo 4:10-13).

¿De verdad Moisés? ¿Escuchaste al Creador del universo decirte que te ayudará a hablar y que te enseñará lo que tienes que decir y todavía estás suplicándole que envíe a otra persona a hacer el trabajo que Él ha destinado para ti?

Nosotros también somos así. Puede que Dios no nos haya llamado para sacar a su pueblo de la cautividad de Faraón, pero nos ha hablado su verdad mediante su Palabra inspirada y todavía no le creemos. No creemos que "[Dios] al darnos el conocimiento de aquel que nos llamó por su propia gloria y potencia, nos ha concedido todas las cosas que necesitamos para vivir como Dios manda." (2 Pedro 1:3).

En vez de esto escogemos creer las mentiras de este mundo. No vemos que "la gente se fija en las apariencias, pero yo me fijo en el corazón." (1 Samuel 16:7).

Me sé de memoria estas cosas. Las predico, exhorto, las leo… pero, honestamente, no creo que mi creencia haya puesto fin a la crisis. Verdaderamente quiero que lo haga. Quiero ser el tipo de mujer que se preocupa más por su belleza interior que por tener suficiente dinero ahorrado para comprar un nuevo par de bluyines para el invierno.

Entonces, por favor, escuche mi corazón. De ninguna manera le estoy reprochando. Simplemente estoy diciendo que debe haber un punto en nuestras vidas en que verdaderamente debemos creer que lo que Dios dice acerca de nosotros influye más en nuestras vidas que lo que vemos en cualquier anuncio.

Trabajar en las secuelas

La infidelidad de mi esposo no era por mí. No fue mi culpa, lo sé, pero es fácil perderse en malos entendidos sobre cómo se pierde la confianza y cómo surgen los problemas en el matrimonio.

Todavía me pregunto eso a mí misma porque yo sé que los matrimonios no fracasan completamente por una sola persona. Por supuesto que una persona puede estar haciendo más cosas negativas que la otra pero, como siempre digo: "Hacen falta dos para que un matrimonio funcione y dos para hacerlo fracasar".

Entonces, aunque definitivamente no creo que fue mi culpa, siento que era el momento para que comenzara a cuestionarme. ¿Hice algo que contribuyera a este desorden? ¿Hubo algo que podía haber hecho diferente? Preguntas como estas nos ayudan a mantener un espíritu humilde y receptivo.

Aunque había escuchado a Dios y había recuperado mi esperanza, estos regalos no me quitaron el dolor. Todavía tenía que lidiar con los pensamientos de ver a mi esposo con otra mujer. Fue tremendo el dolor que sentí en ese tiempo mientras batallaba. En algunos momentos casi podía sentir la sangre brotando de mi corazón herido. Algunas veces no podía ni respirar.

Al mismo tiempo yo confiaba en Dios, no estaba sin esperanza. Estaba lamentando la pérdida de algo que no merecía perder pero no me sentía desesperada. Estaba confundida y perpleja, pero no estaba tirando la toalla. Mi corazón estaba listo para la redención y estaba dispuesta a sufrir lo que fuera para salvar mi matrimonio, incluso si dolía demasiado.

Y así fue.

Las consecuencias físicas

Cometer adulterio no solo está mal espiritualmente sino que también puede traer consecuencias físicas funestas. Mi esposo estaba desempleado, por lo tanto, no teníamos seguro de salud, pero necesitábamos chequear algunas cosas que muchas personas preferirían encubrir. Aparentemente, es más popular ser liberales en la forma de pensar cuando pasa algo como esto. Pero yo necesitaba saber si las acciones irresponsables de mi esposo habían causado algún daño físico a alguno de nuestros cuerpos. Yo necesitaba saber si él me había contagiado alguna enfermedad de transmisión sexual. ¡Por Dios!

Nunca había estado en un departamento de salud estatal. Honestamente, hasta entonces nunca tuve una razón para hacerlo. Hasta ese momento.

Debajo está lo que escribí en mi diario el 1ro de marzo de 2002. Lo escribí después de mi visita al departamento de salud. De ninguna manera quiero que mis palabras sean ofensivas para alguien en cualquier circunstancia. Estos son mis sentimientos angustiantes. Comencé este viaje invitándolo a sentir cada emoción conmigo. No pretendo detenerme ahora.

Las consecuencias de las acciones de Chris comenzaron a revelarse. Mi sentido común sabía que ambos necesitábamos hacernos pruebas para saber si teníamos alguna enfermedad de transmisión sexual, especialmente el VIH. Y para colmo de males no teníamos seguro de salud. Entonces procedimos a ir al departamento de salud porque la prueba era gratis. Yo estaba completamente destrozada y me sentía humillada al dirigirme a aquel lugar. La compañía allí no era a lo que yo estaba acostumbrada. Yo me preguntaba cuántos de ellos eran prostitutas o traficantes de drogas. Quería gritar, «¡NO PERTENEZCO AQUÍ! ¡SOY LA ESPOSA DE UN PASTOR!» Pero por las miradas de las personas que estaban cerca de mí supe que eso era lo último que a ellos les interesaba.

Nunca olvidaré ese día. Después de esperar en una sala un poco sucia, me llamaron para hacerme el examen. Después de desvestirme y prepararme para mi visita médica, una doctora me saludó. Uso el término *saludó* pero en realidad no fue un saludo. Su entrada en la sala no fue muy amistosa. No fue descortés conmigo, pero si muy concreta. Y cuando eres una persona que se preocupa tanto por los demás como yo, que alguien sea tan concreto te afecta profundamente.

El examen no fue agradable. Después de esa visita, me di

cuenta de lo buena que era una visita a mi ginecólogo. Al menos mi ginecólogo me sonreía de veras y hablaba conmigo mientras examinaba mi cuerpo. Esta otra doctora no me dijo ni una palabra. Realmente no la puedo juzgar porque no sé cómo es su vida. Pero su comportamiento añadió un sentido de soledad a mi humillación.

Cuando terminamos, me vestí y esperé a que regresara. Regresó y me dijo que podía tener una enfermedad de transmisión sexual llamada clamidia. Sé que ella vio cómo cambió la mirada en mi rostro, como si pudiera ponerse aún peor. Y así fue, comencé a llorar. (No el llanto feo, sino lágrimas que corrieron por mi rostro). No sé si es que no estaba en ella el ser simpática conmigo o si había visto tanto eso que ya era insensible. Cualquiera que fuera el caso, yo me sentía sola y abandonada en un momento de verdadera necesidad y quería decirle a ella que eso no era mi culpa. Yo no era la que estaba durmiendo por ahí sin protección. Yo fui fiel, verdadera y honesta y estaba luchando por ser una mamá y una esposa devota y honorable. Estoy consciente de que si hubiera compartido eso con ella solo hubiera sido beneficioso para mí. A ella no le importaba.

Salí del edificio con lágrimas rodando por mi rostro. Llegué a mi casa con mi corazón y mi orgullo destrozados. El corazón de Chris se desplomó cuando me vio derrumbarme frente a él y se deshizo en disculpas. Lo bueno del caso fue que aprendí que esta enfermedad podía tratarse con antibióticos. Sin embargo, el solo hecho de saber que podía tener esta enfermedad era muy doloroso y terrible. Me sentía sucia. No lo merecía.

La agonía de la espera

Tres semanas después que ambos hicimos nuestro viaje humillante al departamento de salud del estado, regresamos. No era algo que yo deseaba hacer pero teníamos que recoger los resultados de nuestra prueba de VIH. Habíamos manejado hasta allá con Noah sentado en el asiento trasero. Chris sostuvo mi mano todo el camino y me miraba a cada rato. Yo estaba mirando fijamente hacia delante convenciéndome a mí misma de que todo estaría bien.

En un momento, ambos sabríamos qué pasaría con nuestro futuro. Hice un esfuerzo sobrehumano para combatir los pensamientos que venían a mi mente: ¿Estaré viva para criar a Noah? Si tengo VIH, ¿las personas me rechazarán? ¿Cómo manejaré el dolor y el malestar que trae esta enfermedad mortal? ¿Será mi mamá capaz de perdonar al hombre cuyas acciones mataron a su hijita?

Chris se vio obligado a ir a buscar primero sus resultados mientras yo esperaba en el carro con Noah. Me dijo que si era la persona que me sentenciaba a una enfermedad a largo plazo y a una posible muerte, quería saberlo primero. A pesar de sus primeras acciones que nos pusieron en estas circunstancias, sus acciones desde su confesión habían sido honorables.

La espera en el carro fue espantosa. Estaba tratando de preocuparme por responder las preguntas que mi hijo de tres años me estaba haciendo. Al mismo tiempo, miraba fijamente hacia la entrada del edificio, esperando ver a mi esposo salir brincando, lo cual hubiera sido una clara señal de que no estaba infectado.

Infectado, que palabra tan impura. Pero era la única palabra apropiada para describir nuestra situación actual. Estaba o no estaba infectado. Me infectó a mí o no.

No hubo brincos o bailes en mi esposo cuando salió del edificio, pero cuando se acercó a nuestro carro lo vi sonreírme y dijo que no con su cabeza. Estaba parcialmente aliviada porque yo tenía que entrar a buscar mis resultados. Como pueden imaginar, también fueron negativos. Ninguno de los dos estaba infectado con VIH.

No solo supe ese día que no tenía VIH sino que también supe que no tenía clamidia. Me sentí aliviada con esos resultados, pero el proceso para llegar hasta allí fue muy doloroso. No se lo desearía ni a mi peor enemigo.

Tener la confirmación que necesitábamos acerca de nuestro bienestar físico nos dio literalmente una nueva vida. Era como si ambos hubiéramos estado conteniendo nuestro aliento durante semanas, preguntándonos si todavía valía la pena hacer que nuestro matrimonio funcionara. Quiero decir, no puedes hacer que tu matrimonio funcione si sabes que vas a morir. Definitivamente era un buen día para regocijarse.

Supervivencia financiera

Una de las cosas que teníamos que hallar era una forma de ganar dinero. Parte de nuestro proceso de curación y restauración incluyó ser pastoreados por el liderazgo de la iglesia. Y eso significaba que si queríamos su ayuda, apoyo, amor y guía, teníamos básicamente que hacer lo que ellos nos recomendaran. Lo que nos recomendaron fue que Chris encontrara un trabajo donde no tuviera que viajar y donde no hubiera Internet, lo cual era un gran reto.

En realidad no tuvimos que buscar mucho hasta que Dios nos proveyó. Una cosa que siempre he admirado de mi esposo es su deseo de proveer para su familia. Él no es uno de esos hombres que piensa que un tipo específico de trabajo no es apropiado para él. No le importa. Es un hombre increíblemente hábil que puede arreglar casi todo o al menos inventar una forma para hacerlo. Debido a eso lo alenté a que aplicara para Home Depot. Al principio no estaba seguro de querer, pero luego lo hizo. Después de un mes de abandonar al personal de LifeChurch.tv, estaba vendiendo tablas de madera de dos por cuatro a los contratistas locales.

Nunca sabe con qué hombre se ha casado hasta que lo ve pasando por dificultades. Mi esposo había soportado una de las cosas más humillantes por las que un hombre puede pasar y, a pesar de eso, se levantaba cada día a las 5:30 para ganar $10 la hora para su familia. Y lo hacía con una sonrisa en su rostro porque aún estábamos a su lado.

Yo también encontré un trabajo a medio tiempo, precisamente, en LifeChurch.tv. Dios se manifestó proveyéndome algo ideal para mí. Ese trabajo era verdaderamente una felicidad y parte de la provisión de Dios para nuestra familia, pero fue increíblemente humillante entrar a ese lugar el primer día. Me preguntaba qué estaría pensando cada persona. ¿Sentirían pena de mí por la confesión que mi esposo hizo? ¿Estarían hablando a mis espaldas? ¿Pensarían que me habían contratado sólo porque todos sentían pena por mí?

¿Pensarían que yo era una tonta por estar con un hombre que me había engañado? ¿Me engañaría de nuevo?

Las personas fueron muy amables conmigo, pero también muy cuidadosas al estar cerca de mí. Era como si hubiera un gran elefante azul en la habitación y por eso no sabían cómo caminar por allí. Pero lo intentaron. Unos pocos fueron lo suficientemente valientes para decirme en mi cara que creían en nosotros y que estaban orando por nosotros. El resto seguía trabajando tranquilamente y oraban silenciosamente por nosotros. Sé que lo hacían. Lo podía ver en sus rostros. A pesar de todo, era difícil entrar en un edificio donde todos sabían nuestro asunto. *Todo* nuestro asunto.

Pero también fue una de las experiencias más liberadoras que tuve. No hubo chismes. Nadie se preguntaba qué había pasado. Todos sabían.

Desesperada por tener una vida normal

La desesperación más grande que experimenté en aquellos días fue cuando supe que pronto nacería un bebé. Esa parte de nuestra historia me hirió más profundamente que ninguna otra. Sí, fue difícil cuando pensé en mi esposo entregándose a otra mujer. Pero saber que un niño estaría por siempre en nuestras vidas y que su presencia nos recordaría a cada instante estos días dolorosos a menudo me enloquecía.

Debido a esto, quería cierta normalidad en mi vida. Quería experimentar cosas que otras personas experimentaban cada día. No quería que mi vida se quedara en esa espera en la que parecía estar. Llenaba mi mente con cosas que me hicieran olvidar mis circunstancias. Comedias tontas, películas de hace cinco años en uno de los siete canales que tenía nuestro televisor, paseos por el parque con mi hijo después de jugar Sonic. Hacía todo lo que podía para mantener mi mente ocupada. Tenía que hacerlo. Lo necesitaba.

Pero por más que traté o quise olvidar las circunstancias que se avecinaban sobre mí, me di cuenta muy pronto de que mi vida normal, tal como la conocía, había terminado. Tenía que encontrar mi nueva normalidad. Esta nueva normalidad incluía un pasado

de infidelidad y un matrimonio muerto. Esta nueva normalidad
incluiría otro niño a quien no había traído a este mundo. Esta
nueva normalidad incluiría un montón de cosas que nunca imaginé cuando soñaba con tener un hombre que me hiciera perder la
cabeza por él.

Ya les dije que creo que Dios me llamó para quedarme y luchar
por mi matrimonio. Sé que muchos todavía se preguntan por qué
no me fui y cómo me quedé verdaderamente. La gente piensa que
me gusta que me pisoteen. La gente piensa que soy una tonta. La
gente piensa que estoy arriesgándome por algo que va a ser contra-
producente. Tal vez. Pero es un riesgo que tomé de buena gana, porque confío en mi Dios.

Después de todo, Él es el único que nunca me ha defraudado.

Su viaje hacia la sanidad

1. A medida que recoge los pedazos de su mundo roto, ¿cuáles
   son algunas de las cosas que está haciendo? ¿En qué áreas se
   siente estancado? ¿Cómo podría dar un viraje a su vida?

2. ¿Se ha encontrado luchando para creer la verdad sobre
   quién Dios dice que es? ¿Qué hace cuando eso sucede?
   ¿Quién le está hablando en estos momentos acerca del
   valor que tiene como un hijo amado de Dios? Si nadie está
   haciéndolo, pídale a Dios que ponga a alguien en su vida
   que pueda alentarlo con respecto a su identidad en Cristo
   y su valor como hijo de Dios.

3. Si alguna vez ha pasado por una situación humillante como la de Cindy, ¿qué rasgos del carácter afloraron en usted? ¿De qué manera se sorprendió?

4. ¿Puede identificarse con Cindy cuando dijo que tenía que encontrar su nueva normalidad?

5. ¿Qué piensa de la declaración de Cindy sobre Dios: "Él es el único que nunca me ha decepcionado"? ¿Cree que eso es cierto en su vida? ¿Por qué o por qué no?

Una historia de sanidad en sus propias palabras

BRIAN Y JENNI

TODAVÍA TENGO QUE CONOCER A BRIAN Y JENNI. He sido amiga virtual de Jenni desde hace bastante tiempo. Me inspira su transparencia porque compartió su historia aún cuando ella había sido la infiel. Hay que ser una persona increíblemente fuerte para estar dispuesta a que todo el mundo, o por lo menos los que eligen leer esto en Internet, conozcan sus errores.

Brian y Jenni han tenido una historia de unos pocos años, pero creo que por sus palabras sabrá que Dios ha traído sanidad relativamente rápido. Son buena gente y tienen la mentalidad de hacer lo que sea necesario. Puede leer más acerca de su historia en el blog de Jenni en www.jenniclayville.com.

CINDY: Brian, ¿cuál fue tu reacción inicial cuando te enteraste de la infidelidad de Jenni?

BRIAN: Una reacción de *shock* y confusión. Estaba triste, herido y confundido. Mi enojo surgió un par de días después.

CINDY: Jenni, ¿pensaste alguna vez que cometerías adulterio?

JENNI: Yo nunca pensé en cometer adulterio. Sin embargo, cuando decidí tener una aventura, literalmente lo decidí. Mientras lo hacía sabía lo que estaba haciendo. Regalé un pedazo de mi corazón a un hombre que no era mi esposo. ¿Me sentía mal? Sí. ¿Eso me detuvo? No.

CINDY: Brian, ¿alguna vez pensaste en el divorcio?

BRIAN: El asunto de permanecer casados no lo afronté inmediatamente. Sí pensé seriamente en dejarla en varias ocasiones. Yo amo a mis niños y quería que ellos tuvieran un hogar estable para crecer con sus dos padres. Con el tiempo quedó claro que Jenni estaba totalmente comprometida con nuestro matrimonio y conmigo. Cuando estuvimos en consejería supe que la amaba realmente. Quería vencer todas las dificultades. Muchas personas estaban orando por nosotros, y Dios estaba caminando conmigo en los días más difíciles en que no podía hacerlo solo.

CINDY: Jenni, ¿cómo has manejado el dolor que has visto en los ojos de Brian durante estos años?

JENNI: Nunca olvidaré el dolor en sus ojos cuando se lo dije por primera vez. Nunca olvidaré cómo contenía el aliento al observar sus respuestas mientras respondía sus preguntas sobre momentos, lugares, acontecimientos y otros detalles. Estaba esperando a que él dijera, "¡Esto es demasiado! ¡Has ido demasiado lejos! ¡Quiero el divorcio!" Pero nunca lo hizo. Oré por un corazón nuevo. Oré por paciencia porque sabía que el proceso de sanidad podría tomar años. Ya había decidido que pasaría el resto de mi vida tratando de hacer bien lo que había hecho mal. Sabía que necesitaba devolver más de lo que había tomado por error.

CINDY: Brian, ¿cómo has sido capaz de perdonar a Jenni?

BRIAN: El saber que Jenni estaba completamente arrepentida y que cortó toda comunicación con el otro hombre me ayudó a sanar. Clamé intensamente a Dios para que me diera la fuerza para perdonar totalmente a Jenni. Tomó tiempo, y fue algo sobre lo que reflexioné mucho. Cuando le pedí a Dios que me ayudara a perdonar por completo, Él me preguntó cuánto me había perdonado Él a mí. Mientras reflexionaba acerca de esta pregunta, de repente me quedó claro que la única manera en que podría vivir sin amargura en mi matrimonio era perdonar y seguir adelante. Ese día experimenté la paz más dulce del Señor, y llegué a casa muy contento para decirle a Jenni que por fin podía perdonar y que hablaba totalmente en serio.

CINDY: Jenni, ¿alguna vez te has sentido avergonzada por lo que hiciste?

JENNI: Sí. A veces me siento avergonzada. Todavía me siento decepcionada por esa decisión en mi pasado...que probablemente nunca cambiará. Yo sé que he sido perdonada, no sólo por Brian, sino también por Dios. Incluso me perdono a misma casi todos los días. Decir que ya lo he superado sería casi como decir que no he aprendido mi lección. Es la convicción de mis decisiones pasadas lo que me impide repetirlas. No voy a olvidar mi error muy rápido, pero no vivo en mi pasado.

CINDY: ¿Qué hay de la confianza?

BRIAN: Ella ha hecho que el confiar en ella sea muy fácil para mí. Me dio acceso a todas sus redes sociales y cuentas de correo electrónico. No pasa tiempo sola con amigos, y se ha puesto límites para demostrar que se compromete a no repetir su error. Hemos hablado de todo lo que me hace sentir un poco incómodo, y respeta cuidadosamente mis preocupaciones.

JENNI: No me pongo a la defensiva cuando se pone en duda mi integridad. Si es cuestionada es porque así debe ser. Pero si soy inocente, no tengo que defenderme, porque los más cercanos a mí lo harán. Mi vida es para vivirla por encima de cualquier reproche.

CINDY: ¿Cómo te sientes cuando miras a Brian ahora?

JENNI: Afortunada. Feliz. Apasionadamente enamorada. Apasionadamente amada. Bendecida. Libre. Perdonada. Restaurada.

CINDY: ¿Cómo es tu matrimonio hoy día?

BRIAN: Saludable, feliz, creciente. Por primera vez siento que ambos entendemos quiénes somos como individuos y cómo amarnos tal como somos. Tenemos una conexión espiritual mucho más profunda y conversamos de todo abiertamente. Mientras más nos dedicamos a una vida espiritual juntos, orando y hablando sobre lo que Dios nos dice, más nos sentimos conectados. No hemos llegado, pero estamos en un lugar donde disfrutamos el proceso de crecimiento.

JENNI: Nuestro matrimonio nunca ha sido mejor. Nunca he estado más segura de que Brian es exactamente el hombre que Dios creó para mí. Nuestro matrimonio es emocionante y satisfactorio. Siento que todavía hay mucho más que aprender sobre Brian. Pero, al mismo tiempo, nuestro matrimonio es cómodo y familiar…como mis pantalones vaqueros favoritos. Todo esto proviene de la comunicación. Decidimos romper con nuestro antiguo matrimonio y comenzar uno nuevo. Nuestro nuevo matrimonio incluye conversar, pero mucho más escuchar, ver, y confiar. Esto es comunicación.

5

No lo planeó

EL 9 DE ENERO DE 1993, CHRIS Y YO estábamos a punto de convertirnos en marido y mujer. La temperatura en Texas rondaba los 30 grados Celsius y toda la fiesta del matrimonio fue en pantalones cortos. Cuando le eché un vistazo a mi mano que pronto llevaría un anillo de matrimonio, las uñas acrílicas recién puestas me hicieron reír. Sabía que dentro de 48 horas me las arrancaría de mis manos poco femeninas. Pero todo lo demás se sentía real y maravilloso.

Chris y yo habíamos decidido romper con la tradición y vernos antes de que comenzara la ceremonia. Pasamos algunos tiernos minutos orando juntos. Gentilmente nos tomamos de las manos y casi no pudimos hablar por el asombro que nos causaba el hecho de que el día que habíamos estado esperando con ansias durante meses por fin había llegado. Y estábamos listos para caminar por aquella senda hacia nuestro "hasta que la muerte los separe".

Cuando llegó el momento de hacer los votos, lo hicimos de acuerdo a la tradición porque habíamos planeado mantener las palabras de ese pacto durante el resto de nuestra vida. Mientras la ceremonia terminaba con el papá de Chris cantando el padrenuestro a capela, Chris y yo nos

mirábamos el uno al otro encantados y emocionados, listos para comenzar nuestra vida juntos.

Cuando los votos se rompen

Los votos que nos hicimos el uno al otro aquel día fueron una proclamación de nuestro amor y devoción. Estoy segura de que usted ha asistido a muchas bodas. Es probable que podamos repetir de memoria esos votos... "en las alegrías o en las penas, en la riqueza o en la pobreza, en la salud o la enfermedad...para amarte y cuidarte hasta que la muerte nos separe". Las palabras eran sencillas pero sinceras.

Pero aquel inolvidable y feliz momento en que intercambiamos nuestros votos ante Dios, ante nuestra familia y nuestros amigos hizo ensombrecer aun más las noticias que llegaron luego de nueve años, porque mi caballero con armadura resplandeciente decidió aventurarse en el camino de la infidelidad. Esta verdad me golpeó no solo a mí sino a todas las personas que conocíamos, incluyendo a aquellos que compartieron con nosotros la alegría del comienzo de nuestra vida juntos. Muchos habrían dicho: "Chris Beall nunca haría algo como eso. Es pastor. Habla a las personas acerca de Jesús. Dirige al pueblo de Dios en adoración cada domingo. ¡Es un hombre que Dios ha ungido!" ¿Ha pensado así alguna vez cuando a través de los años algunos escándalos morales han salido en las noticias o al menos se han dado a conocer en círculos pequeños? Yo sí.

La mayoría de las personas no planean cometer ese tipo de actos. A lo largo de los años, Chris y yo hemos conocido muchas parejas que están viviendo las consecuencias de la infidelidad. ¿Y sabe cuántos adúlteros dijeron que lo habían planificado?

Ninguno. Nadie. Cero.

Ni una persona ha dicho: "Sí, me imaginé que, alrededor del cuarto, del séptimo o del octavo año cometería adulterio, rompería el corazón de mi cónyuge, perdería el respeto y la admiración de mis hijos y pondría en juego mi futuro". El 99.9 por ciento de las veces no sucede de esa manera.

El pecado: nada nuevo

El rey David es alguien a quien podemos ver cayendo en pecado. La palabra caer es poco para lo que le sucedió. Tal vez ha leído la historia de su mala elección en 2 Samuel 11. Permítame parafrasearla. Había llegado la primavera. La mayoría de los reyes de otros reinos habían ido a la guerra, pero David tomó la decisión de quedarse en casa. Debió haber estado sufriendo de insomnio porque una noche se levantó de la cama y salió a la terraza. Cuando llegó, vio a una hermosa mujer que se estaba bañando. Cautivado con su encanto y probablemente algo excitado, envió a alguien a averiguar sobre ella. Primer gran error.

Ahora bien, tal vez alguien haya tenido la esperanza de que al saber que era la mujer de Urías, uno de sus mejores guerreros, la olvidaría. Pero no fue así. David envió a sus mensajeros a buscarla y traerla. Segundo gran error. Cuando llegó, debió haberle dicho lo que quería. La Biblia deja claro que tuvieron relaciones sexuales antes de que ella regresara a su casa. El mayor error de todos.

No creo que David tuviera algún plan para cometer adulterio con Betsabé aquel día, lo que ilustra claramente el tema de este capítulo. Creo esto porque la Biblia dice que David era un hombre que agradaba a Dios (1 Samuel 13:14). Además, era la clase de rey que decidió favorecer a la casa de Saúl, el rey loco que estuvo antes que él y que intentó matarlo, pues vemos que 2 Samuel 9:1 afirma: "El rey David averiguó si había alguien de la familia de Saúl a quien pudiera beneficiar en memoria de Jonatán". Queda claro que David era un hombre honorable cuyo corazón deseaba honrar al único Dios verdadero incluso cuando un rey loco y trastornado lo estaba persiguiendo por todo el país.

No solo eso, sino que cuando David derrotó a los filisteos y a los moabitas (y a muchos otros "itas"), dedicó al Señor todas las victorias y los objetos que obtenía.

No sé si puede entender esta parte de la historia, pero la decisión de David de quedarse en casa y de no ir a la guerra había tenido lugar después de algunas victorias asombrosas. Victoria que David, como dije anteriormente, celebraba adorando y honrando a Dios después de obtener el trofeo.

¿No se parece eso a la forma de actuar de nuestro enemigo espiritual? A menudo planea sus ataques justo después que algo asombroso ha ocurrido en nuestras vidas o después de haber sido parte de un plan para que algo asombroso ocurriera en nuestras vidas o en las vidas de otros. Hace esto porque no estamos en guardia para proteger nuestros corazones y relaciones frente a su ardid. Este es el momento en que nos relajamos y nos sentamos con aquel pensamiento de: "Oh, nunca le haría eso a mi cónyuge". Y antes de que las personas se den cuenta de que han cruzado la línea que pensaron que nunca cruzarían, están en la cama de alguien más haciendo cosas que se supone que solo harían con su cónyuge.

La historia de David y Betsabé es la confirmación perfecta de la frase: "Mente ociosa, taller del diablo", ¿no es cierto? Es decir, estaba en casa cuando los otros reyes estaban en la guerra. Estaba despierto en su habitación, en su cama, sin poder dormir. Apuesto a que si hubiera estado en la guerra, dirigiendo a su país en la batalla, hubiera estado durmiendo profundamente aquella noche. Pienso que si hubiera hecho lo que se suponía que debía hacer, todo aquel fiasco con Betsabé no habría sucedido.

Pero sucedió. Y podemos aprender de eso.

Nunca diga nunca

Después de escuchar mi historia, puede pensar que no hay muchas probabilidades de que yo engañe a mi esposo. Si alguien le dijera: "Acabo de escuchar que Cindy Beall tuvo un romance", probablemente se sorprenda, ¿cierto? Pero no soy tonta.

Sé que un pequeño paso fuera del camino estrecho por el que debo andar me podría llevar a la senda de la tentación y del arrepentimiento posterior. Una conversación profunda y reveladora podría iniciar una relación poco saludable con un viejo amigo. Un pensamiento orgulloso al estilo de "yo estoy por encima de ese pecado" podría traer como consecuencia una devastación para mi esposo y mis hijos más grande de lo que puedo imaginar y soportar. Y, honestamente, me asusta cada día.

Me conozco y sé que a veces alimento mi carne y dejo morir de hambre a mi espíritu. Además, he tenido muchas conversaciones con personas que terminan haciendo cosas que nunca pensaron que podrían hacer. Me pregunto si alguna vez usted ha dicho que no hará algo, solo para encontrarse a sí mismo haciendo aquello que dijo que nunca haría.

Como la joven que la semana pasada le dijo a su esposo que besó a otro hombre y que nunca habría imaginado hacer algo como eso.

O el epítome de la infidelidad matrimonial de todos los tiempos, el esposo, padre y abuelo de 55 años, que abandonó a su esposa por una mujer más joven. "Nunca haría algo como eso", decían sus amigos acerca de él.

No creo que viva una vida de temor, pero creo que tengo una actitud saludable y temerosa de Dios que me ayudará a tomar decisiones ahora antes de verme lanzada a una circunstancia que no vi venir. Sé que mi enemigo espiritual "ronda como león rugiente, buscando a quién devorar." (1 Pedro 5:8), así que casi siempre estoy en guardia. Algunos pueden decir que me enfoco demasiado en lo negativo. Quizá. Pero después de lo que he pasado en mi matrimonio, sé lo que puede suceder.

Estoy totalmente consciente de que cuando fallamos en la planificación, planificamos para fallar. Y confíe en lo que le digo: No estoy planificando ser infiel. Estoy planificando no serlo.

No somos inmunes

En 2002, muy poco tiempo después de la confesión de Chris, Beth Moore sacó un libro que compré. Desde que tenía veinte años la he estudiado y he disfrutado los libros y los estudios que ha escrito.

Leer este libro, *Cuando las personas piadosas hacen cosas impías*, significó un paso gigantesco hacia mi sanidad. Sabía que era más que una casualidad el hecho de que este libro hubiera salido en una fecha tan cercana a la confesión de Chris.

Como supondrá, agarré el libro y me dediqué a leerlo. Me bebí el contenido como una mujer muerta de sed. Pasé mucho rato asintiendo con Beth mientras leía la verdad que había escrito. Me permití llorar mientras recordaba algo del dolor que recién había soportado.

Creo que lo que más me ministró de su libro fue el hecho de saber que no estaba sola. Básicamente dijo que hay innumerables cristianos que caen en pecados habituales.

No solo es posible que personas temerosas de Dios caigan en la cuneta al salirse del camino recto y sólido, sino que creo que a muchos les sucede. Estoy convencida de que, a medida que se acortan los días, las semanas y los meses que nos separan de la venida de Cristo, el número de víctimas aumenta a pasos agigantados. Muchos simplemente no hablan porque están aterrados. No tanto de Dios como de la iglesia. Decir que el cuerpo de Cristo quedaría impactado al saber cuán ensangrentados y golpeados por el fracaso han quedado es quedarse corto. Una de las mejores noticias es que Dios, de hecho, no está impactado. Dolido tal vez, pero no impactado. Acuérdese, nos dijo que esas cosas sucederían.[2]

Cuando Chris y yo contamos nuestra historia públicamente, lo que sabíamos en nuestro corazón sucedió. No éramos el único matrimonio que había sufrido debido a la pornografía y la adicción sexual. No puedo contar el número de parejas que se acercaron a mi esposo en busca de guía, sabiduría y ánimo a medida que comenzaban su doloroso camino. Muchos de ellos decidieron enfrentarlo y soportarlo solo debido a la fortaleza, la humildad y la vulnerabilidad que mostró mi esposo.

Aquellos que Dios usa

Al hacer pública nuestra historia surgieron muchas preguntas. ¿Puede Dios usar todavía a Chris Beall verdaderamente? ¿No dice la Biblia que ha perdido su oportunidad? Aparentemente, Dios sí usa a personas imperfectas. (¿Alguien lo sabía?)

Decidió usar al apóstol Pablo, un orgulloso y refinado fariseo seguidor de la Ley, como uno de sus instrumentos para comunicarnos la verdad a través de gran parte del Nuevo Testamento. Pero en otra época, Pablo había sido famoso por perseguir a los seguidores de Cristo. Entonces, en algún momento de su viaje a Damasco, los ojos de Pablo se dañaron. Cegado por la luz, no podía continuar el resto del camino sin ayuda. Escuchó algunas instrucciones de Cristo y siguió su camino en busca de Ananías para que lo sanara. Después de su encuentro con el Dios viviente, se convirtió en un hombre que dedicó su vida a hablar a otros acerca de Jesús. Una transformación bastante grande, ¿no es cierto? Este solo hecho prueba que nuestro Dios está deseoso de usar a cualquiera para cumplir su voluntad.

Pablo escribió acerca de los falsos apóstoles en su segunda carta a la iglesia de Corinto. Estaba consciente de que algunos creyentes estaban siendo desviados. "Pero me temo que, así como la serpiente con su astucia engañó a Eva, los pensamientos de ustedes sean desviados de un compromiso puro y sincero con Cristo". (2 Corintios 11:3).

Como puede ver, muchas personas piensan que los seguidores de Cristo no están sujetos a un pecado tan grotesco. No esperan que los creyentes realmente fuertes caigan de la manera en que lo hizo mi esposo. Esperan la perfección. Pero Pablo deja muy claro el hecho de que, incluso aquellos que siguen a Cristo de una manera pura, devota y sincera pueden caer. Y sucede a menudo.

Entonces, ¿qué le parece esto? ¿Qué hacemos para asegurarnos de no caer en pecados grotescos en nuestra vida? Definitivamente tengo algunas cosas con las cuales lidiar, pero puede que este sea el momento apropiado para que escuche a mi esposo hablar acerca de su adicción a la pornografía, que lo llevó al camino del adulterio hace muchos años.

La historia de una caída en mis propias palabras (por Chris Beall)

Todavía estoy sensible, todavía asombrado por no haber perdido a mi familia y emocionado por el hecho de que sirvo a un líder, Craig Groeschel, que se arriesgó bastante cuando me reintegró al ministerio a tiempo completo. Pero, más que todo, estoy sin palabras porque cuando miro a los ojos de Cindy, veo en ellos vida, esperanza y amor. Estamos locos el uno por el otro.

Quiero hablar brevemente acerca de un asunto que puede provocar la curiosidad de algunos de ustedes o que tal vez alguien esté, potencialmente, viviendo. ¿Cómo puede alguien hacerse adicto a la pornografía y sucumbir ante la tentación de tener romances, tener un hijo con otra mujer y crear una segunda vida?

Para responder a eso quiero desafiar una aseveración que un buen amigo mío hizo esta semana. Él cree que esta lucha es un síntoma de un hombre que no está satisfecho en casa. Estoy de acuerdo en que hay situaciones en que este es el caso. La Escritura es clara en el hecho de que el esposo y la esposa deben abstenerse de tener relaciones sexuales solo cuando es una decisión mutua y solo por razones específicas de modo que ninguno de los dos sea tentado sexualmente (1 Corintios 7:5-9). Sin embargo, esto no tenía absolutamente nada que ver con mi lucha.

Vi mi primera revista *Playboy* cuando era joven. Todavía puedo recordar las imágenes explícitas que vi en aquella revista hace más de 30 años. En ese momento se abrió una puerta de debilidad, una puerta que mi adversario espiritual explotaría metódicamente en los años siguientes. Sí creo que en mi situación, la pornografía no era el fin de nada, sino un síntoma de algo más profundo. Me sentía satisfecho sexualmente en mi hogar, no obstante, sistemática y progresivamente llenaba mi mente con imágenes pornográficas. ¿Cuál era mi enfermedad? Me había creído una mentira acerca de quién era yo.

Ahora, antes de que me descarte por darle una respuesta espiritual ambigua como la causa de mi adicción sexual, quiero que se haga a sí mismo esta pregunta: ¿Por qué peca una persona? ¿Por qué alguien que es seguidor de Cristo incurre sistemáticamente en actos de comisión o de omisión que claramente están en desacuerdo con el estándar de Dios?

Durante años y años mi vida y mis decisiones reflejaron una fuerte incredulidad con respecto a quién dice Dios que soy yo como seguidor de Cristo. Piense en esto por un minuto. Si creemos verdaderamente con todo nuestro ser que somos creación maravillosa de Dios, la justicia de Dios en Cristo, escogidos por él para obras de justicia, que estamos sentados con Cristo en las alturas celestiales y completamente aceptados y perdonados, ¿continuaríamos viviendo en pecado sistemática y progresivamente? No estoy sugiriendo que no vamos a pecar en nuestras vidas diarias, pero es extremadamente difícil vivir en una rebelión a Dios tan creciente y flagrante cuando realmente creemos en quién es Él y quién dice Él que somos nosotros en Cristo.

¿Cómo funcionó eso en mi caso? Durante años luché para aceptar el perdón de Dios por mis pecados y, al mismo tiempo, deseaba profundamente la aprobación de las personas. Necesitaba la afirmación de otros aparte de Cindy. ¿Por qué? Porque en realidad no creía que Dios me aceptaba como era. Y una parte de mí pensaba que el amor de Cindy por mí era solo porque estaba casada conmigo. En ese punto fue donde comenzó todo. Mirar aquellas imágenes me hacía sentir (debido a la falta de una frase menos empalagosa) como un hombre. Muy en lo profundo, muchos hombres luchan con las preguntas: ¿lleno la medida? ¿Tengo lo que se necesita? ¿Soy respetado y exitoso?

Cuando me sentía fracasado, acudía a una falsa fuente de validación en el Internet. No existe adicción estática; siempre progresará de una cosa a otra. Si un trago de tequila lo hace sentir contento, beba un trago cada día y vea si al final de un año todavía lo satisface de la misma manera. Es muy probable que, progresivamente, necesite más tequila para sentirse de la manera en que sintió la primera vez. Lo mismo es cierto en el caso de las personas que disfrutan sentir la adrenalina al practicar deportes extremos o actividades peligrosas. Ellas proporcionan un estado mental de satisfacción, un escape que se hace cada vez más difícil de duplicar porque el cuerpo y la mente se acostumbran a cada nivel de emoción y ansían más.

Esta es la naturaleza de la adicción sexual. Primero usted mira una imagen y luego un video. Luego comienza a chatear con personas que tienen las mismas luchas y un día se levanta preguntándose cómo rayos llegó allí. El pecado siempre progresa. Siempre.

Si está luchando con algo, si se da cuenta que está pecando en las mismas áreas una y otra vez, hay grandes probabilidades de que esté creyendo una mentira acerca de quién dice Dios que es usted.

Él quiere liberarlo. De verdad.

Su viaje hacia la sanidad

1. ¿Puede recordar alguna vez cuando hizo algo malo que
   pensaba que nunca haría? (Puede ser algo simple o grande).
   ¿Cómo justificó su manera de actuar en ese momento o
   después?

2. ¿Se ha dado cuenta de que a la iglesia le cuesta más trabajo que a Dios perdonar a un cristiano que ha caído? ¿Le
   cuesta trabajo aceptar las debilidades y los pecados de
   otros? ¿Cómo puede lograr tener un corazón como el de
   Dios para aquellas personas que lo dañaron a usted o a
   otros con su conducta?

3. Si las acciones de su cónyuge lo han dañado en su matrimonio, ¿cree que él o ella ha planeado hacer eso?

4. ¿Cree que Dios todavía puede usar a personas que han
   vivido en pecado? Comparta algunos ejemplos con su
   grupo o escriba en un papel algunas de esas historias de
   vidas transformadas.

6

La búsqueda de un camino
de vuelta a la vida

DECIDÍ CONTINUAR EN MI MATRIMONIO y perdonar a mi esposo, pero eso no significa que fuera tonta. Es probable que muchas personas hayan pensado eso de mí, pero Dios y yo sabíamos toda la verdad. Estaba totalmente consciente de que tomar esa decisión implicaba un gran riesgo que podía provocar que mi corazón se rompiera en pedazos si Chris actuaba otra vez. No obstante, a pesar de lo peligroso que podía ser este camino, yo sabía que era el correcto para mí. Sabía sin lugar a dudas que Dios quería hacer algo con nuestro dolor. Simplemente no sabía qué era. Todavía.

Supongo que lo más difícil que tuve que hacer fue continuar con mi vida. Había escuchado a Dios y sabía lo que Él deseaba que hiciera, pero el dolor todavía estaba allí. Los votos quebrantados, la pérdida de confianza y el horror de mis pensamientos ocupaban mi mente cada día.

Pero a pesar de mi dolor y de lo terrible que era, escogí agarrarme del pequeño atisbo de esperanza que tenía, la esperanza que me había dado Aquel que hace todas las cosas nuevas. Escogí vivir por fe. El Salmo 27:13

79

afirma: "Pero de una cosa estoy seguro: he de ver la bondad del Señor en esta tierra de los vivientes".

El sentido de *futuro* es clave en este versículo. Cuando el rey David escribió esto, escogió permanecer confiado y estar seguro de que vería la bondad del Señor. Yo también elegí confiar, caminar por fe incluso cuando no tenía idea de adonde me llevaría el camino ni de cómo sería el terreno a lo largo de este. Tuve que elegir poner un pie detrás del otro.

Y así tiene que hacerlo usted.

Démosle un tema de conversación

Nunca olvidaré el día en que regresamos a la iglesia después de la confesión de Chris. La semana anterior, Craig había compartido su historia con nuestro campus de LifeChurch.tv. No estábamos allí personalmente pero escuchamos el mensaje más tarde ese mismo día. No me acuerdo de todo lo que dijo, pero recuerdo que Craig dijo que la iglesia cristiana era la única organización que mataba a sus heridos. Y luego añadió: "Pero nosotros no vamos a hacer eso". Dijo que la iglesia iba a ser un hospital y que las personas allí presentes nos devolverían la vida y verían cómo Dios hacía nuestro matrimonio mejor que cuando era nuevo.

Chris y yo estábamos llorando mientras nos adentrábamos en el edificio de la iglesia. Nunca he pasado por algo más humillante y denigrante en mi vida y preferiría nunca volver a vivir eso. Usted entiende, ¿verdad? Cuando nos sentamos allí antes del servicio, algunas de entre las muchas personas que nos querían se acercaron. Cuando Craig se levantó a predicar, hizo un comentario acerca del hecho de que estábamos allí. La gente comenzó a aplaudir, como muestra de su apoyo y amor por nosotros. Apoyo y amor que se comprometieron a ofrecernos en nuestro camino hacia la sanidad. Y eso es exactamente lo que hizo aquel grupo de personas. No les puedo estar más agradecida.

Hacer las cosas pequeñas

Me encontraba yendo y viniendo de una esperanza extrema a una tristeza profunda. La esperanza siempre estaba presente, pero a veces no podía asimilarla debido a la tristeza. La tristeza no era tan profunda como al inicio, pero todavía aparecía de vez en cuando para perturbar lo que fuera que estuviera haciendo en ese momento. Me imagino que usted también haya pasado por esto en algún momento.

¿Qué hace cuando no tiene deseos de levantarse de la cama por la mañana pero tienes personas a las cuales cuidar y un montón de cosas por hacer? ¿Cómo hace malabarismos con cosas simples como lavar la ropa, trabajar, cuidar a los hijos y compartir con su esposo cuando no confía en nada de lo que le dice, y solo quiere que la dejen sola?

Los primeros días uno hace todo lo que puede. Llora mucho, lo cual es muy conveniente porque uno está llorando una pérdida. A veces tendrá que salir de la habitación porque los ojos de todos están fijos en usted, y la incomodidad será más de lo que puede soportar. Necesitará las oraciones de sus amigos. Pero incluso entre sus lágrimas, tiene que encontrar formas para reír y disfrutar la vida con aquellos más cercanos a usted. Tiene que declarar que, a pesar de que esta circunstancia puede haberlo derribado, no le *mantendrá* derribado. Lo más importante es que tiene que elegir entre cruzar la línea y abrazar la vida incluso cuando todavía está llorando por haber perdido su vida anterior. Esto lo sé muy bien.

Toma esta copa, por favor

Mientras nos esforzábamos por hacer que nuestra familia de tres miembros fuera maravillosa, el recuerdo de un bebé que pronto nacería permanecía siempre en alguna parte de mi mente. Luego de cinco meses en nuestro proceso de sanidad, nació el bebé. Las noticias destrozaron mi corazón otra vez. No había prueba de ADN en aquel momento para demostrar que Chris era el padre, pero yo estaba bastante segura de que lo era. Eso es probablemente lo que más me haya afectado: saber que mi esposo tenía un hijo con otra mujer.

Seis meses más tarde, todavía no habíamos conocido al bebé, que se llamaba Ben. Chris y yo estábamos conversando durante una fría tarde de enero, y nuestra conversación inevitablemente tocó el tema de Ben y su mamá, Michelle. Chris había comenzado a hablar sobre el bebé un poco más y a conversar acerca de nuestro futuro con él. Momentos como estos llevaban mis emociones al límite. Todavía estaba muy fresco para mí, y por eso, casi siempre terminaba llorando. Ese día en particular, no solo empecé a llorar sino que salí de la casa y me fui a dar un paseo, bajo las frías temperaturas de Oklahoma. Mientras caminaba por el vecindario, con lágrimas que rodaban por mi rostro, comencé a regatear con Dios.

—¡Por favor, no permitas que Chris sea el padre! —le supliqué.

—Mi gracia es suficiente para ti —Dios respondió dulcemente a mi corazón.

—¡No puedo soportar este dolor! ¡No quiero caminar por esa senda! ¡No me merezco esto! —demandé como si tuviera alguna clase de autoridad.

—No se trata de ti, Cindy—. Las palabras de Dios actuaban como una lija espiritual.

—Simplemente no puedo hacerlo. Es demasiado duro, Señor. Duele mucho —dije con un espíritu derrotado pero, a la vez, suavizado.

—*Mi* gracia es suficiente para ti. *Mi* poder se va a perfeccionar en tu debilidad—. Esa fue la última respuesta de Dios para mí durante aquella lóbrega tarde.

Regresé a nuestra tibia casa, caí de rodillas y lloré incontrolablemente en los brazos de mi esposo. Llorando también, me sostuvo y simplemente me permitió dejar salir mi dolor por algo que yo no merecía. Chris escuchó atentamente cuando le conté acerca de la conversación que había tenido con Dios durante mi paseo. Luego de unas horas para digerir el encuentro que tuve con mi Padre celestial, me di cuenta de que me estaba diciendo que me bendeciría más allá de lo imaginable por permanecer en este camino a pesar de que el dolor fuera irresistible. Emocionalmente, levanté la bandera blanca de la rendición y reconocí, una vez más, que Dios es fiel a su Palabra.

Si me hubiera enviado una nota escrita aquel día, habría sido algo así:

Cindy:

Sé que las cosas están yendo muy bien ahora contigo y con Chris. Ha tomado su tiempo. Estoy tan feliz por ti. Me puedo dar cuenta de que es muy difícil para ti aceptar a ese bebé ahora. Sé que estás sufriendo. Pero si confías en mí, te bendeciré más de lo que imaginas por permanecer en esta senda. Y te prometo que un día verás este bebé como la bendición para la que yo lo creé.

Dios

Experimenté una gran paz ese día. Sí, todavía me dolía, pero el dolor por el que estaba atravesando también me produjo esperanza, esperanza en que mi Dios iba a hacer lo que dijo que haría. Fue bueno que Dios preparara mi corazón para lo que estaba por suceder.

La paz que sobrepasa todo entendimiento

Unos meses más tarde, en abril de 2003, Chris recibió una notificación de una corte en Memphis explicando que debía comparecer para acordar el apoyo financiero que daría a Ben. Cuando recibimos esa carta, nuestros corazones se apesadumbraron con este flagrante recordatorio del pecado de Chris y del dolor que sus acciones habían causado. Empezamos a dar pasos para lidiar con el cambio que se aproximaba a nuestra vida.

Viajamos a Memphis para la audiencia. Yo estaba tan nerviosa como es posible estarlo. Al entrar al juzgado, Chris vio de inmediato a Michelle. Su madre estaba sentada a su lado. Caminamos hacia ella y Chris nos presentó. No había ningún rencor o negatividad en el ambiente, lo cual fue un gran alivio. Nos sentamos junto a ellos y comenzamos a hablar sobre cosas triviales. Solo tardó un par de segundos para que comenzáramos a hablar acerca de la realidad de nuestras vidas. En medio de lágrimas, le dije a Michelle que yo deseaba ser una persona maravillosa en la vida de Ben, pero que la respetaba a ella como la madre. De inmediato asumió su parte de responsabilidad por la situación e incluso se disculpó por haberme causado tanto dolor. Estaba llorando. Chris estaba de pie al lado, mirando con asombro toda la escena.

La audiencia transcurrió bien y, de hecho, fue muy corta. Luego, Michelle preguntó si Chris quería ver a Ben. Los ojos de Chris se iluminaron, lo que hirió lo más profundo de mi ser. A pesar de que yo estaba orando por una prueba de ADN negativa, muy en lo profundo, sabía que Ben era el hijo de Chris. Confirmé ese sentimiento cuando la mamá de Michelle trajo a Ben al juzgado para que Chris lo viera. De inmediato noté su mentón. Tiene el mentón de los Beall, justo como lo tienen todos los hijos y nietos de los Beall.

Contempló a Chris como si no hubiera un mañana. Pensé en cuán precioso era, no obstante, y al mismo tiempo, me dolía. Mi esposo tenía un hijo con otra mujer. Pensé: "Se supone que yo sea la madre de los hijos de Chris". No había una manera fácil de explicar esa situación. Simplemente era doloroso.

La audiencia en el juzgado requería una prueba de paternidad, y Dios no pudo haberla enviado en un momento mejor. Muchos meses antes, cuando estaba tratando decidir si me quedaba o no en el matrimonio, le había dicho a Chris que no quería tener más hijos con él. Le dije exactamente esas palabras. Una parte de mí lo hizo para hacer más profunda su herida, para que sintiera el efecto de sus acciones. La otra parte de mí simplemente estaba aterrada en caso de tener dos hijos a los que cuidar en caso de que fuera infiel otra vez. De cualquier modo, en aquel momento no quería saber de hijos y quería que supiera que se iría de esta tierra con dos hijos y nada más.

Sin embargo, durante el transcurso de más o menos un año mi corazón cambió. Mientras veía que el corazón de mi esposo no solo había cambiado, sino que *permanecía* cambiado, decidí que tal vez la idea de tener otro hijo no era tan mala. En definitiva, los hijos son una bendición de Dios, ¿cierto?

El 7 de julio de 2003 supe que estaba esperando otro bebé. Estaba eufórica, y también Chris. Y al día siguiente, la prueba de

ADN demostró que, ciertamente, era la madrastra de un pequeño niño que estaba a punto de cumplir su primer año de edad. Pensé que había sido algo muy dulce de parte de mi Padre celestial el permitirme escuchar la feliz noticia de mi embarazo el día antes de comprobar lo que había estado temiendo durante tanto tiempo. Chris escuchó la noticia de la prueba de ADN antes que yo y me sostuvo mientras me lo contaba. No me derrumbé. Ya me había adaptado a la idea de incluir a un nuevo bebé en nuestra familia. En ese momento, simplemente quería saber. Y de alguna manera extraña, estaba en paz. La paz fue el resultado de conocer toda la historia de modo que pudiéramos continuar con nuestra vida.

Ocho meses más tarde, el 7 de marzo de 2004, Seth Joseph Beall nació. Fue una alegría desde el momento que llegó al mundo. Su sonrisa iluminó la habitación, y sus aterciopeladas y rosadas mejillas hicieron que nuestros corazones palpitaran con fuerza. Fue casi como si Dios dijera: "Oye, aquí tienes. Te has portado muy bien durante este año. Felicidades". ¡Y pensar que casi me lo pierdo!

La dura verdad

Y, por supuesto, había otro pequeño y adorable bebé en nuestras vidas ahora. El pequeño y dulce Ben desarrolló un acento sureño y un encanto maravilloso que nos conquistó a todos. Noah lo amaba profundamente y esperaba con ansia sus visitas. Yo también disfrutaba su presencia en nuestra casa. No voy a decir que siempre eran fáciles y sin dolor para mí. Una de las partes más duras era ver a Chris con sus tres niños y darme cuenta de que todos ellos estaban naturalmente relacionados, pero yo no. Una porción de dolor penetraba en mi corazón de vez en cuando, pero mi fe en Cristo siempre superaba la incomodidad. Y por esa razón estaba muy agradecida.

Siempre hemos sido claros con Noah y Seth acerca de su relación con su hermano. Al principio no les contamos todo porque pensamos que no podrían entenderlo. A menudo les decíamos: "Entenderás más cuando tengas diez años". Esa respuesta parecía ser suficiente en aquel momento. Pero una vez que Chris le contó a Noah "de dónde vienen los niños", Noah empezó a preguntarse cada vez más sobre su hermano y sobre cómo llegó al mundo. Cierto día tuvimos una conversación que nos tomó por sorpresa.

—Mami… ¿entonces papá tiene dos esposas? —preguntó Noah.

—No, hijo. Yo soy la única esposa de papá.

—Bueno… ¿entonces cómo llegó Ben aquí? —preguntó.

—¿Te acuerdas cómo tu papá te contó que se hacían los bebés?

—Sí —dijo mientras empezaba a pensar para sí mismo—. Entonces… ¿papá hizo eso con la mamá de Ben antes de que ustedes se casaran?

—No —le dije.

Empezando a sumar dos y dos hasta donde podía hacerlo su mente de ocho años, dijo: —Bueno, eso no está bien.

—Lo sé —dije. Y luego se fue.

Llamé a Chris y le conté acerca de la situación y ambos supimos que había llegado el momento en que Noah debía saber lo que había ocurrido. Cuando Chris llegó a casa, se sentó con Noah y le contó todo. Explicó lo que había sucedido sin entrar en detalles porque Noah no podía comprender cada parte de la historia. Pero Chris sí le explicó que lamentaba mucho haberme herido y que también lamentaba lo sucedido. Le dijo a Noah que deseaba no haber hecho eso, y cuando dijo eso Noah gritó: "¡Papá, no digas eso, porque entonces no tendríamos a Ben!"

Una de las cosas más hermosas que tiene nuestro hijo mayor es su habilidad de ver lo bueno en cada situación. Sabe que pasamos tiempos muy difíciles y podía haber culpado a un niño inocente por haber hacer que su mamá sufriera tanto, pero no lo hizo. Amaba a su hermano y, a pesar de la manera en que Ben llegó a nuestras vidas, Noah no guarda rencor.

Nadie en nuestra familia guarda ningún rencor, odio o enojo hacia Michelle o hacia alguien en su familia. De hecho, es todo lo contrario. Todos trabajamos juntos para que ese pequeño niño sepa que es muy amado. Por supuesto, algunos días son difíciles. Hay comentarios hechos por un niño pequeño acerca de tener un "papá de todos los días" que me dejan sin palabras. Hay preguntas por parte de un par de hermanos que se cuestionan por qué su otro hermano no me tiene a mí como su mamita. Cuando surgen esas preguntas, respondemos con la verdad y de la manera más apropiada que podemos según la edad, porque la decisión de caminar en integridad, humildad y en la gracia de Dios requiere de esa clase de honestidad total.

Aprendí mucho del pequeño Noah el día en que le explicamos la situación. Su clara perspicacia me recordó lo que es realmente importante. No podía seguir cargando con la culpa y el enojo porque yo tampoco podía imaginarme la vida sin Ben. Aprendí que Dios pinta un cuadro enorme donde yo soy solamente una pequeña parte.

Estas lecciones no se aprenden rápido. De hecho, puede estar preguntándose cómo rayos hace para seguir con su vida. Puede pensar que para mí es fácil porque mi "día difícil" tuvo lugar hace más de nueve años. Bueno, todavía no es fácil. La tristeza puede golpearme de una forma tan sorprendente que tengo que recordarme a mí misma que debo respirar.

En momentos como esos, debe agarrarse de la Palabra de Dios, del ánimo de los amigos y de las oraciones de aquellos que lo aman. Yo lo sé porque eso fue lo que hice. Descansé en las promesas de las Escrituras. Pasé tiempo con aquellos que estaban derramando el amor de Dios sobre mí. Sobreviví únicamente gracias a las personas que intercedieron por mí. Mientras hacía todo eso, la paz de Dios se derramó sobre mí, e incluso si la paz solo duraba un momento breve, valía la pena. No hay sentimiento en la tierra que se pueda comparar con la paz del Dios todopoderoso que gobierna el universo.

A veces en la vida pasamos por momentos difíciles que no siempre tienen sentido. Nos cuestionamos y nos preguntamos por qué tenemos que pasar por esas cosas, solo para darnos cuenta de que nuestro paso por el horno de fuego puede ser la única oportunidad que tendrá otra persona para llegar a Jesús.

Tal vez su experiencia de dolor hará posible que otros vean a Jesús en usted y eso cambiará para siempre su eternidad.

Su viaje hacia la sanidad

1. ¿Cómo ha podido "continuar con su vida" en medio de su dolor? ¿Qué le ayudó? ¿Qué lo hizo más difícil?

2. ¿Alguna vez ha tratado de regatear con Dios? ¿Cuál fue el resultado?

3. Haga una distinción entre la paz de Dios y la paz que el mundo busca y de la que tanto habla. ¿En qué formas su prueba le ha ayudado a enfocarse en la paz de Dios?

4. ¿Puede recordar alguna ocasión en la que Dios produjo algo bueno a partir de algo malo que sucedió? Descanse en este recordatorio de la redención y permítale que le dé esperanza mientras pasa por la prueba que ahora está atravesando.

5. ¿Está dispuesto a soportar el dolor en su vida de modo que su respuesta piadosa pueda traer a otros a Jesús?

Una historia de sanidad en sus propias palabras

MATT Y ANDREA

HAN PASADO UN PAR DE AÑOS DESDE QUE MATT Y ANDREA se sentaron por primera vez en el sofá de nuestra sala. Sus heridas frescas y sensibles eran obvias al mirar la expresión en sus rostros. Pero, al mismo tiempo, otra cosa estaba presente en medio de su difícil circunstancia: la esperanza.

La historia de Matt y Andrea es diferente de la historia de las otras parejas en este libro. No solo había sido Matt o Andrea quien había sido infiel. Ambos fueron infieles, aunque en épocas diferentes de su matrimonio. Alguien podría pensar que es más fácil reponerse a la infidelidad si uno también la cometió. No es cierto. Lea lo que ellos tienen para compartir.

CINDY: ¿Qué sucedió en tu vida que nunca pensaste que sucedería?

ANDREA: El año que Matt estaba sirviendo en Iraq fue el año más duro de mi vida. De repente, sufrir el impacto de la realidad de la guerra, la separación, la comunicación limitada y la tentación siempre presente, nuestra relación se desmoronó. Busqué consuelo y lo encontré…en los brazos de un hombre con el que trabajaba.

CINDY: Matt, ¿cómo te sentiste cuándo te enteraste de lo que había sucedido mientras estabas en Iraq?

MATT: Mientras estaba allá sospechaba que Andrea me estaba engañando. No podía probar nada, pero sabía que algo no andaba bien entre nosotros. Cuando llegué a casa y descubrí la verdad de lo que había sucedido, me sentí devastado.

CINDY: ¿Alguna vez pensaste que harías "algo así" como cometer adulterio?

ANDREA: **Nunca** pensé que yo era la clase de persona que tendría un romance. Me crié en un hogar con principios cristianos muy fuertes y creía firmemente en los valores morales de mi infancia. Amaba a mi esposo. No me levanté una mañana y simplemente perdí todo aquello en que había creído. Satanás trabajó en mi corazón y en mi mente de manera gradual, alimentando una mentira a través del tiempo. El primer día no habría sido capaz de tener una relación extramatrimonial. Pero después de eso, sí lo fui. Fui capaz.

MATT: Siempre me decía a mí mismo: "No me cabe en la cabeza que algún día pueda tener un romance". Estaba casado y todo es perfecto cuando uno se casa, ¿cierto? Pensé que mi asunto de la pornografía estaba bajo control y que podía manejarlo. La verdad es que no pude. No hubo control sobre ese monstruo que había permitido que entrara en mi vida.

CINDY: ¿Cuándo le contaste a Andrea y qué sucedió después?

MATT: Luego de un corto período de tiempo, le conté todo a Andrea. El romance, la pornografía, las mentiras. Al día siguiente fuimos a la iglesia y entré a la oficina de nuestro pastor y le conté todo. Necesitábamos ayuda para dar el siguiente paso. Dejé de usar la computadora. Andrea le puso clave a la computadora e instaló Covenant Eyes en ella para monitorear mi acceso. Juntos visitamos a un consejero. Tuve que admitir que era adicto a la pornografía. Tuve que asimilar en mi corazón algo que Chris me había dicho: "El pecado no puede vivir en la luz". Tuve que buscar a personas que conocía y que sabía me iban a apoyar y comenzar a rendir cuentas de mis acciones. Tuve que dejar mi orgullo y permitir que Dios entrara a mi vida y la limpiara.

CINDY: Andrea, ¿qué sucedió que te hizo quedarte?

ANDREA: Dios nunca me dio permiso para irme y me dio todas las razones para quedarme. Un valioso amigo y mentor durante los días más difíciles me dijo que aunque Dios permitía el divorcio por motivo de infidelidad (Mateo 5:31-32), no siempre nos permite hacerlo y puede pedir algo diferente de uno. ("Todo me está permitido, pero no todo es para mi bien" [1 Corintios 6:12]). Él puede guiarnos a permanecer solamente durante poco tiempo, durante un poco más o, como sucedió en mi caso, para siempre. ¿Quién conoce cuáles son los planes de Dios y cuáles son sus razones? Puedo decir que al quedarme he sido parte de algo mucho más grande que si hubiera seguido los deseos de mi corazón quebrantado.

CINDY: ¿Cómo han podido perdonarse a sí mismos y el uno al otro?

ANDREA: Perdonarlo a él fue una decisión, pero fue una decisión que no sabía cómo tomar hasta que me perdoné a mí misma. Dios me otorgó el perdón instantáneo un día de nuestra lucha. En un río de lágrimas purificantes, salí perdonada. Después de ese día, estaba lista para comenzar a perdonar realmente a Matt. Mi pecado fue separado de mí en aquel instante, como el agua del aceite, y esa claridad del Espíritu Santo hizo que viera a mi esposo de la misma manera.

MATT : Perdonar a Andrea fue una decisión consciente que, de hecho, solo hice una vez. Ella era mi esposa y no quería que eso cambiara. Me enfoqué en amar a Andrea sin importar lo que sucediera. Ese fue el momento cuando tome la decisión, un pensamiento consciente en mi cabeza: "Ella ha cometido un error, pero lo voy a pasar por alto y la voy a amar de todas maneras".

CINDY: ¿Y qué pasó con la confianza?

ANDREA: Sí lucho con querer confiar en Matt únicamente cuando, en vez de esto, debo depender de Dios para poder confiar verdaderamente, para recibir consuelo y paz. Me resulta raro recibir mi consuelo de Dios en vez de recibirlo de Matt. En este mundo parece más lógico que Matt pueda o deba probar que es digno de confianza pero, de hecho, Dios es el único que puede darme esa confianza. El Salmo 118:8 afirma: "Es mejor refugiarse en el Señor que confiar en el hombre".

MATT: Me esfuerzo a diario para ser honesto y transparente con Andrea y con aquellos que Dios ha colocado a mi alrededor. No siempre tengo éxito, pero ese es el objetivo. Mientras más transparente soy, más brilla la luz de Dios dentro y a través de mí.

Cualquier cosa que queda oculta puede provocar que Satanás entre y ataque a mi matrimonio, a mi esposa y a mí.

CINDY: ¿Cómo está su matrimonio hoy?

ANDREA: Hemos vivido dos años en esta historia. Hemos sufrido una o dos recaídas. Pero él es el hombre que amo y con el que quiero caminar por este camino. Tomé esa decisión cuando elegí perdonar. ¡Elegí transitar por todo esto! Porque Dios me lo pidió. Y me siento tan bendecida de que lo hiciera. Nosotros somos la excepción, no la regla. Pude haberme perdido esto.

MATT: Hoy sabemos que los tiempos difíciles vendrán y pasarán, pero al estar ambos comprometidos con Dios y con nuestro matrimonio, podemos soportar cualquier tormenta que aparezca en nuestro camino. Nuestro matrimonio es maravilloso. ¡Duro, pero maravilloso!

7

¿Cuándo dejaré de sufrir?

EL DOLOR.

Una aflicción punzante. Una profunda angustia mental. Un dolor agudo. Una tristeza abrumadora. No hay necesidad de decir que nadie quiere que le pasen cosas malas. Eh, no quiero, gracias. La mayoría de las personas asocian el dolor con la muerte de alguien. "Está dolido por la pérdida de su hijo" o "el dolor de perder a su madre la ha devastado". Pero el dolor invade nuestras vidas por muchas razones diferentes.

"El dolor es la respuesta normal y natural ante la pérdida de alguien o de algo que era importante para usted. Es una parte natural de la vida. El dolor es una reacción típica ante la muerte, el divorcio, la pérdida de un trabajo, el tener que alejarse de la familia y de los amigos o la pérdida de la salud debido a una enfermedad".[3]

¿Escuchó eso? El dolor es más que experimentar una tristeza profunda y una aflicción punzante porque alguien cercano a usted ha fallecido. Ese puede ser el tiempo más común en que todas las personas sienten dolor, pero he aprendido que el dolor se hace presente siempre que sufrimos alguna pérdida. La pérdida de una amistad. La pérdida de un sueño. La pérdida de la inocencia. La pérdida de la alegría. La pérdida de las

expectativas. La pérdida de la fidelidad. La pérdida de cualquier cosa que uno ame.

Deje que comience el llanto

A pesar del inmenso amor y apoyo del que fuimos objeto y de los milagros que ya habíamos visto en nuestro matrimonio, todavía sentía dolor. Algunas cosas maravillosas habían ocurrido en medio de mi dolor, pero eso no significaba que las imágenes se hubieran borrado. No significaba que me sintiera totalmente segura en mi matrimonio. Y ciertamente no significaba que la confianza, la admiración, el respeto y el amor estaban fluyendo con abundancia de mí hacia mi esposo. Lo que sí significaba era que avanzaba poniendo un pie delante del otro, que lloraba cuando necesitaba llorar y que me reía cuando había que reír.

Hay muchas personas que no lidian con su dolor de la manera correcta. Lo encierran y tratan de ser fuertes por amor a los otros, pensando que no les está permitido estar tristes o que no tienen tiempo para salir de la rutina para lidiar con su dolor como es debido. Pero puedo decirle con entera confianza que, incluso cuando hay personas que dependen de usted, incluso cuando la vida tiene que continuar y usted tiene que seguir adelante, tiene que haber un tiempo para lidiar con el dolor.

Lloré mucho durante semanas y meses después de la confesión de Chris. No sabía que tenía tantas lágrimas adentro. Mientras sufría, experimenté la sanidad. Mi corazón empezó a sentirse mejor y, de hecho, me las arreglé para dibujar una sonrisa en mi rostro. A menudo pensaba: "Tal vez *puedo* hacer esto" y de repente me encontraba estrellada contra la pared al recordar mis circunstancias actuales. Y entonces sufría un poco más.

Le rogué a Dios que me ayudara con mi dolor. Él fue muy bueno consolándome y restaurándome la esperanza mientras oraba. Antes de que me diera cuenta, otra vez estaba siguiendo con mi vida e, incluso, disfrutándola. Comenzaba a encontrar mi ritmo y a abrazar la vida que había conocido, solo para volver a estrellarme otra vez contra la misma pared luego de un par de días porque algo alteraba mi corazón herido y lo hacía sangrar una vez más.

No fue hasta que entré en esta senda de dolor que me di cuenta de que el dolor viene y se va. Ciertamente vino y se fue de mi vida antes de aquellos días, pero en realidad nunca lo entendí. Durante los primeros días de una pérdida, el dolor es un compañero constante, la clase de "amigo" que nos asfixia y penetra en nuestro espacio personal. Cedemos ante ese amigo y, con el tiempo, comienza a darnos algo de espacio para respirar. Pero si no le prestamos suficiente atención, el dolor decide que en realidad necesita acercarse una vez más. Sufrí por la pérdida de mi matrimonio como lo había vivido hasta aquel momento y, tan extraño como pueda sonar, en aquel mismo instante comencé a sanar.

Una de las cosas que aprendí acerca del dolor es que uno no pierde la persona (o el sueño o cualquier cosa que haya perdido) todo en un día. Uno lo pierde a él, o a ella, o eso gradualmente, a medida que la vida continúa. Cuando uno experimenta algo que le recuerda aquello que perdió, siente dolor. Cuando uno ve algo que trae recuerdos a su mente, siente dolor. Probablemente es por eso que el primer año después de una pérdida es tan difícil: la primera Navidad, el primer cumpleaños, el primer aniversario, el primer concurso...muchos primeros que no se parecen a lo que eran.

Cuando esto empezó a suceder, aprendí que tenía que permitirme a mí misma llorar, sentir la tristeza, llevar el peso de la carga, darme cuenta de que si mi esposo y yo llegábamos a cumplir 60 años de casados, no podría decirme que me había sido fiel todos los días de su vida. Esta era mi nueva vida, mi nueva rutina. Si no hacía algo con todas esas emociones, nunca lo lograría. Tuve que lidiar con el dolor, o acabaría conmigo hasta que lo hiciera.

Lloraba en la casa, en el trabajo, en la iglesia, en el mercado, en frente de las personas y sola. Lloraba cuando sentía temor y cuando sentía alegría. Lloraba cuando veía a otros dolidos por las acciones de mi esposo y lloraba cuando lo veía a él abrumado por el desastre que sus acciones provocaron. Lloraba cuando llegaban las lágrimas y no las retenía adentro. Si algo he aprendido al permitirme a mí misma hacer esto es que si uno no detiene las lágrimas cuando estas necesitan salir, con el tiempo ellas mismas se detendrán.

La pérdida física

El dolor es inevitable. En algún momento todos lo experimentaremos ya sea que nos guste o no. Me he dado cuenta de que existen diferentes tipos de dolor cuando perdemos a una persona. Existe el dolor desgarrador de perder a alguien muy cercano a usted. Este dolor está constantemente tocando a su puerta y puede llevarlo a desear la muerte. Piensa en él siempre que está despierto. Es lo primero que tiene en la mente cuando se levanta, es decir, suponiendo que las lágrimas se detuvieron lo suficiente como para permitirle dormir. Perder a alguien cercano a usted afectará toda su vida. Impactará con fuerza su mundo y le hará preguntarse si alguna vez será capaz de respirar otra vez.

Otras veces uno pierde personas que conoce, pero tal vez su presencia no estaba en su vida diaria. No los veía necesariamente de una manera regular ni hablaba con ellos con mucha frecuencia, de modo que esa clase de dolor no lo saca completamente del juego. Continúa atendiendo sus negocios, yendo al supermercado, bañando a los niños, trabajando y mirando comedias tontas, y realmente no piensa tanto en ello hasta que alguien más lo recuerda o simplemente viene un recuerdo a su mente. Entonces se siente un poco triste e incluso derrama alguna lágrima pero, a la larga, continúa con su rutina.

Por otra parte, hay ocasiones en las que uno pierde a alguien que ha tenido una vida larga y buena. Tal vez es su padre de edad avanzada o la bisabuela que prácticamente lo crió. Tal vez es un viejo maestro de la escuela dominical que impactó su vida de una forma tremenda. Estas personas a menudo han visto a sus nietos graduarse del colegio. Tal vez incluso a sus bisnietos. Algunas de esas personas han celebrado su 60 aniversario de matrimonio y han enterrado a sus propios hijos. Tienen unos ochenta o noventa años. Usted experimentará tristeza por la pérdida, pero está agradecido por las grandes vidas que vivieron en este mundo. Las personas alrededor suyo dicen: "Era su tiempo de partir".

La añoranza que crea el dolor

Conocí el dolor muy bien a los dieciocho años. Mi papá medía casi dos metros y pesaba 240 libras. Era un hombre grande e impresionante, pero, en muchas maneras, era el alma más noble que uno podía encontrar. Y, a pesar de que yo alcanzaba 1.80 metros, me intimidaba increíblemente.

Dos meses después de graduarme del colegio, a mi papá le diagnosticaron cáncer. Leucemia mieloide aguda, para ser exacta. Las células blancas estaban arrasando con el cuerpo de mi padre.

La batalla de mi papá contra el cáncer duró ocho meses y fue cruenta y difícil para todos nosotros. Luego de dos meses entró en remisión, solo para retornar al hospital tres meses después de haber regresado a casa. Lucía tan cansado, tan derrotado, tan quebrantado. Finalmente, el 21 de marzo de 1990 tomó su último aliento y fue conducido a la presencia de Jesús.

Ahora ya he vivido más tiempo en esta tierra sin un padre terrenal que el tiempo en que lo tuve. He olvidado tantas cosas acerca de él y a menudo me esfuerzo por recordar los días cuando todavía estaba entre nosotros. Pero es duro porque lo que recuerdo es el olor del hospital. Recuerdo la habitación donde estaba, la forma en que estaba colocada su cama, cómo se debilitó su enorme cuerpo tan rápido. Recuerdo cómo se le caía el pelo y cuando eso sucedía, recuerdo la imagen de un hombre que se parecía a mi abuelito en aquella cama. Y recuerdo cómo las enfermeras amaban a mi papá porque era encantador a pesar de su penoso estado.

Pero si me concentro lo suficiente, recuerdo los días en el lago con mi papá llevándonos a mis hermanos y a mí a esquiar. Lo recuerdo bailando con mi mamá en la sala. Lo recuerdo sentado en las tribunas de todos mis eventos deportivos y de todos mis conciertos.

Incluso ahora mientras rememoro a mi padre, siento dolor. Dolor por los sueños y los deseos que lo incluyen a él. Dolor por el hecho de que no me condujo hasta el altar. Dolor por el hecho de que nunca conocerá a mi esposo o a mis hijos. Dolor por el hecho de que nunca verá el diploma de su universidad que cuelgo con orgullo en la pared de mi estudio.

El dolor no se disfruta. ¿Qué le parece eso como candidato para eufemismo del año? Todos preferiríamos tener nuestras vidas completas todo el tiempo. No me molestaría si todos y todo lo que amo siempre estuviera conmigo y nunca se fuera. Pero eso es poco realista. De modo que acepto que el dolor va a venir y se va a ir de mi vida, cualquiera que sea la forma que este escoja. Y usted debe aceptarlo también. Es una parte de la vida.

"Sé lo que se siente"

Estos tipos de dolor que he mencionado se aplican, en mi opinión, ya sea que uno haya perdido un sueño, una carrera o una relación. También se aplican cuando uno ha sido traicionado y ha perdido toda la confianza en aquel que lo ha traicionado. Algunas veces nuestras pérdidas son pequeñas y puede que solo estemos decepcionados porque los planes que teníamos en mente para nuestras vidas no van a suceder. En otras ocasiones un matrimonio o una relación sufren un daño tan grande y son aniquilados de tal manera por las acciones crueles y las palabras brutales que nos preguntamos si nuestros corazones heridos volverán a ver alguna vez la luz del día, eso sin hablar de volver a confiar otra vez.

Yo pasé por eso.

En realidad no me gusta decirle a las personas: "Sé lo que se siente". A pesar de que puedo tener una idea bastante acertada de cómo se sienten, pienso que decirle eso a alguien es un insulto. Yo no soy usted. No tengo su comportamiento o su situación o su pasado o su historia familiar. Incluso si nuestras circunstancias son casi idénticas, no puedo saber cómo se siente.

Pero sé cómo me sentí yo.

Conozco la profunda aflicción y confusión que llegó a mi casa aquella mañana de febrero. Sé cómo se escuchó el sonido de mis sueños y de mi futuro haciéndose pedazos en un instante. Sé cuán emocionada, y también un poco asustada, estaba con la idea de mudarme a otra ciudad y comenzar una nueva etapa en nuestro ministerio, solo para ver todo descartado debido a unas pocas palabras de confesión de mi esposo egocéntrico. Conozco el sentimiento de preguntarme por qué me resultaba tan difícil amar a un hombre con el que me había comprometido a pasar el resto de mis días. Conozco *esos* sentimientos porque los sentí. Sé cómo me sentí cuando me di cuenta de que mi mundo como lo conocía hasta aquel instante se había alterado para siempre, porque eso era lo que había pasado.

Tal vez usted también ha sentido algo así. Tal vez se ha preguntado por qué su cónyuge eligió traicionarlo o traicionarla cuando todo lo que siempre quisieron fue envejecer juntos. Tal vez usted ha planeado y trabajado y soñado con la senda que estaban seguros que Dios deseaba que tomaran, tan solo para verla destrozada. Tal vez está llevando una pesada carga porque aquella persona junto a la que usted desea despertarse cada mañana no parece querer lo mismo con usted y no tiene idea de qué hacer para que ella o él lo vuelva a amar otra vez. Tal vez no tiene idea de cómo rayos pueden restablecer la confianza y la conexión. Y hablando con franqueza, ni siquiera está segura o seguro de querer lograrlo. Cuando *esa* posibilidad lo golpea, el dolor puede llegar a una dimensión aún mayor. ¿Qué pasa si usted está demasiado destrozado como para *querer* reconstruir una vida con su cónyuge?

Hay muchas formas en que el dolor puede entrar a su vida. Independientemente de la causa, tómela como parte de su sanidad. No hay forma de evitar el dolor. Oh, podemos intentarlo. Somos tan inteligentes creando nuevas formas de evadir el dolor, pero estas nunca son saludables para nosotros sin importar cuánto tiempo las apliquemos.

Si un vecino, un extraño, un miembro de la familia o incluso su amigo más cercano empieza a preguntarle cómo está y usted cobra conciencia de cuál es la respuesta correcta a esa pregunta, o si su tarjeta de "libre para sufrir" de algún modo expiró antes de que usted estuviera listo, no se sienta culpable y no se lance a saltarse las etapas del dolor. Ellas conducen a la sanidad y la plenitud. El objetivo es sentir el dolor y, al mismo tiempo, entregárselo a Dios diariamente para poder avanzar, incluso si es con pasos muy pequeños y discretos, hacia una versión saludable de usted y de su nueva vida.

Algunos quieren que usted asimile rápido su dolor porque la situación se está poniendo difícil para ellos o porque necesitan que se recupere y funcione para sus propios propósitos. Y pudiera ser que su dolor les recuerda sus propias circunstancias dolorosas con las que todavía no han lidiado y no quieren un recordatorio viviente que llora y respira. Pero la mayoría de las personas quieren escuchar que usted está mejor porque les duele verlo triste. No obstante, la tristeza lo sigue dominando. Así como las lágrimas.

Ánimo para el cansado

Me gustaría ofrecerle un poco de verdades, un poco de pepitas de oro de la Palabra de Dios que pueden hacerle mucho bien a su alma sufrida. No sé usted, pero cuando mi corazón se siente pesado o cuando estoy experimentando una angustia inconsolable, me vuelvo hacia la única verdad que conozco.

Cuando me encuentro luchando con la serie de pensamientos acerca de "cómo vivir otra vez", me agarro de la esperanza de que Jesús hará lo que dijo que va a hacer. ¿Sabía usted que tenemos un Sanador que es totalmente capaz y está totalmente dispuesto para hacer todas las cosas nuevas? "El que estaba sentado en el trono dijo: ¡Yo hago nuevas todas las cosas! Y añadió: Escribe, porque estas palabras son verdaderas y dignas de confianza". (Apocalipsis 21:5).

En los días cuando me preguntaba cómo rayos Dios iba a hacer posible que algo bueno sucediera otra vez en mi vida, confié en la promesa que me había dado mucho tiempo atrás: "Sabemos que Dios dispone todas las cosas para el bien de quienes lo aman, los que han sido llamados de acuerdo con su propósito". (Romanos 8:28).

Llegaron los momentos en los que me preguntaba cómo iba a ser posible reconstruir el amor verdadero y la confianza, y ni hablar de la intimidad física. Entonces recordé las palabras de mi Salvador: "Para los hombres es imposible, mas para Dios todo es posible". (Mateo 19:26).

Durante los días, minutos y segundos en los que me sentía

indescriptiblemente sola, me agarré de la esperanza de que el Creador del universo siempre iba a estar a mi lado. "Sean fuertes y valientes. No teman ni se asusten ante esas naciones, pues el Señor su Dios siempre los acompañará; nunca los dejará ni los abandonará". (Deuteronomio 31:6).

Y durante los años que siguieron a la horrible confesión que viró mi mundo al revés, descansé en la verdad de que Dios no solo vendaría mi corazón herido sino que también me haría experimentar una libertad como la que nunca antes había sentido, construyendo para mí un hermoso futuro de las ruinas que quedaron de lo que una vez fue mi matrimonio y, finalmente, me haría disfrutar año tras año de bendición porque había confiado en sus promesas.

> El Espíritu del Señor omnipotente está sobre mí, por cuanto me ha ungido para anunciar buenas nuevas a los pobres. Me ha enviado a sanar los corazones heridos, a proclamar liberación a los cautivos y libertad a los prisioneros, a pregonar el año del favor del Señor y el día de la venganza de nuestro Dios, a consolar a todos los que están de duelo, y a confortar a los dolientes de Sión. Me ha enviado a darles una corona en vez de cenizas, aceite de alegría en vez de luto, traje de fiesta en vez de espíritu de desaliento. Serán llamados robles de justicia, plantío del Señor, para mostrar su gloria. Reconstruirán las ruinas antiguas, y restaurarán los escombros de antaño; repararán las ciudades en ruinas, y los escombros de muchas generaciones. (Isaías 61:1-4).

Creí la Palabra de Dios. Usted también puede hacerlo.

Me gustaría poder decirle que Dios le restaurará aquello que haya perdido. Que si ha perdido todas las esperanzas en su matrimonio, llegará el día en que estará en un matrimonio lleno de esperanza, lleno de respeto mutuo, honor y sumisión. Que si tiene un sueño en su vida, debe luchar por conseguirlo y se hará realidad. Pero no puedo. No conozco los misterios de Dios. No sé qué matrimonios se salvarán, qué cuerpos se sanarán, o qué sueños se cumplirán en esta tierra. Pero sí sé que Él lo llevará en sus brazos mientras usted llora su pérdida. No puedo prometerle que Dios le restaurará aquello que ha perdido, pero por favor sepa que le restaurará a usted.

Dolores crecientes

Si se permite a sí mismo contemplar las experiencias pasadas, creo que se dará cuenta de que las épocas de mayor dolor fueron las épocas en que más creció. Hay algo acerca de pasar por el dolor que nos hace cambiar. Están aquellos que eligen permitirle al dolor que los inunde, pero usted no va a ser uno de ellos. Simplemente lo sé.

Muchos de nosotros odiamos pasar por el dolor. Luchamos contra él y a menudo tratamos de ignorarlo. Realmente nadie disfruta soportar el dolor de pasar por el fuego, pero si somos honestos con nosotros mismos, admitiremos que nos gustan los resultados del fuego. Si en vez de luchar e ignorar el dolor lo abrazamos, encontraremos a nuestro Salvador esperando con brazos abiertos y dispuestos a llevarnos a través de él. Y nos quedaremos boquiabiertos al ver los cambios que produjo en nuestra vida.

Si ahora mismo está sufriendo un dolor más grande que el que había conocido hasta este momento, confíe que no durará para siempre. Si no está atravesando por el dolor ahora mismo, con el tiempo lo hará. Así que, independientemente de donde se encuentre su vida ahora, el dolor será una parte de ella. No estoy en ninguna manera tratando de "declarar" nada sobre usted. Simplemente estoy diciendo lo que afirma la Biblia: "Pues los sufrimientos ligeros y efímeros que ahora padecemos producen una gloria eterna que vale muchísimo más que todo sufrimiento." (2 Corintios 4:17).

Me tomaría muchas páginas hacer un listado de los versículos bíblicos que tratan acerca de los problemas en nuestras vidas. Muchos de ellos nos animan a permanecer firmes y no temer cuando enfrentamos los problemas. En mi mente finita, solo puedo llegar a la conclusión de que los soportaremos. No podemos simplemente escaparnos cuando llega la prueba. Tenemos que graduarnos de ella.

Comparado con lo que nos espera un día como seguidores de Cristo, nuestro dolor en la vida es pequeño, incluso cuando sentimos que nos paraliza. Por favor escuche... su dolor es válido. Y está bien sufrir. De hecho, sentir el dolor y lamentarse por su situación es absolutamente necesario para poder ver un día el crecimiento. Pero no quiero que usted se quede allí, porque hay esperanza. Y esa esperanza viene a través de la fe en el poder sobrenatural de Dios para traer sanidad. Yo soy una prueba viviente.

Nada es demasiado difícil para Él.

Su viaje hacia la sanidad

1. ¿Ha perdido a alguien cercano a usted? Si es así, escriba en su diario o converse con su grupo cómo se sintió cuando eso sucedió.

2. ¿Trata con su dolor de una manera saludable, o lo hace a un lado y desea que se vaya por sí solo? ¿Qué puede hacer hoy para ayudarse a sí mismo a hacer un giro hacia una forma saludable de experimentar el dolor para que pueda experimentar la sanidad que Dios desea para usted?

3. ¿Qué otras pérdidas ha experimentado en su vida? ¿Cómo se sintió cuando esas pérdidas dejaron un vacío? ¿Qué adjetivos podría usar para describir su estado espiritual, emocional, físico y mental durante ese tiempo?

4. ¿A quién acude cuando una inmensa tristeza y un profundo dolor han bombardeado su vida? Si su esposo es el causante de su dolor, ¿a quién (fuera de la relación) debe dirigirse en busca de la guía y del consejo saludable y temeroso de Dios que necesita?

5. ¿Cuáles son algunas de las lecciones profundas que ha aprendido acerca de la vida, de otros o de usted mismo gracias a sus tribulaciones?

8

¿Cómo puedo aprender a confiar y a perdonar?

LA MÚSICA FUE MI PRIMERA PASIÓN. Dice mi mamá que cuando yo era niña solía acostarme en la cama y cantar a voz en cuello. Mientras crecía, también crecía mi amor por la música. Cantaba en coros en la iglesia, en el colegio y también en la universidad. Podía leer música bastante bien gracias a seis años de lecciones de piano. Y, aunque no tenía una voz fabulosa, tenía buen oído y podía captar la armonía de cualquier canción. Cuando cantaba o tocaba el piano, me sentía plena. Me sentía cerca de Dios y muy cómoda con mi vida.

Cuando Chris me lo confesó todo, habíamos estado dirigiendo juntos la adoración durante muchos años. Mi vida estaba llena de música, al igual que nuestros nueve años de matrimonio. El día que mi esposo "se limpió" y las paredes de mi familia y de mi matrimonio se derrumbaron, mi querido lazo con la música de adoración también se rompió.

En aquel mismo instante, enfrenté mi primera lección para aprender a confiar. Necesitaba confiar totalmente en Dios para cada aspecto de mi vida: las pérdidas, el dolor y los próximos pasos a seguir. Nuestro

viaje para confiar y perdonar a las personas que nos han traicionado comienza con nuestra confianza en Dios.

Cuando Dios da una pasión

Mi amiga Dea dice: "Cuando Dios desplaza, Él reemplaza". Y con bastante fuerza, un deseo y un hambre de escribir crecieron como una nueva pasión en mí. Me gusta tanto escribir que en cualquier momento del día es probable que esté construyendo oraciones en mi cabeza. Cuando tengo algún tiempo de descanso o estoy viajando largas distancias, comienzo a escribir en mi mente. Cuando sufro de insomnio, no es raro que me levante de la cama, agarre mi laptop y comience a escribir. Dios reemplazó la alegría de mi pasión por la música con una pasión que me permite comunicar mi alma y mi ser. Así como el canto, escribir me centra y permite que mi corazón se exprese en formas que mis cuerdas vocales no lo podrían hacer. Fue un reemplazo perfecto. ¡Dios es bueno en eso!

Dios hizo eso por mí y lo hará también por usted. Si ha perdido una pasión debido a una prueba o a una lucha en su matrimonio, o a cualquier otro cambio que no vio venir, sepa que el Creador de su corazón puede poner allí nuevos deseos.

Reconstruir la confianza en las personas

Me emociona el hecho de poder expresarme escribiendo en mi blog personal. Esto me ofrece una licencia creativa para perfeccionar mi don y también es una herramienta para ayudar a otras mujeres que han transitado el mismo camino de la infidelidad que yo he transitado. Muchas personas simplemente no están tan adelantadas como yo en el viaje.

Todas las semanas recibo correos electrónicos de mujeres que hacen muchas preguntas acerca de cómo lidiar con la infidelidad en su matrimonio. De todas las preguntas que me hacen, una de las más frecuentes es: "¿Cómo aprendiste a confiar en él otra vez?" Y todo el tiempo les doy la misma respuesta: todavía estoy aprendiendo.

Me encantaría proporcionar una fórmula matemática que

muestre exactamente cómo recuperar la confianza. Pero eso no va a suceder, no porque haya aprobado álgebra con un 71 por ciento, sino porque la confianza y el perdón no existen en la tierra de los números. Nacen de la gracia, la misericordia y la sanidad de Dios.

Sería muy bueno si pudiera pintar la obra de arte más asombrosa para mostrar la hermosa y mística forma en que crece el perdón en un corazón endurecido. Pero yo solo sé pintar muñecos de palitos. Además, el único dibujo que se nos pide que hagamos es dibujar nuestra fortaleza y nuestra esperanza en la gracia de Dios. Esto es válido para cada prueba, cada quebranto y cada traición que experimentamos.

Todavía estoy en mi viaje de recuperar la confianza en mi esposo, pero he aprendido algunas cosa que espero le puedan ser de ayuda. Y recuerde, no necesariamente tiene que pasar por la infidelidad en su matrimonio para perder la confianza. La confianza se puede romper de muchas maneras.

Pienso que el enemigo de mi alma desea que mi matrimonio se vaya por un abismo. Ha hecho varios intentos para destruirnos, pero no funcionaron. Hemos quedado muy golpeados y tenemos muchas cicatrices de la guerra, pero no nos derrotó. Y creo que eso le molesta. De hecho, sé que es así. Razón por la que, estoy segura, regresa a asediarme en una batalla mental. Si no puede lograr que nuestro matrimonio fracase y termine en divorcio y si no puede hacer que nos rebelemos contra Dios, va a hacer todo lo que puede para hacerme sentir como si toda nuestra sanidad y esperanza se fuera a desvanecer algún día.

¿Cómo sabré si tiene éxito? ¿Cómo sabrá usted si él triunfa en su vida? El día que vivimos con temor y permitimos que nuestras mentes y corazones se preocupen por algo que puede que nunca ocurra es un día en que Satanás está ganando. Estos momentos de temor y desesperanza son una completa pérdida de mi precioso tiempo y de mi preciosa vida y matrimonio. Lo mismo es cierto para su vida, mi amiga o amigo. Estamos experimentando la restauración y no necesitamos mirar a otra parte que no sea Dios en busca de verdad y de valor.

La restauración de la integridad

Mi esposo es un hombre asombroso. ¿Le impacta un poco el hecho de que pueda decir esto con completa honestidad y sinceridad? Eso, mi amigo, es la redención, el poder ver y declarar la verdad incluso en medio del caos y del dolor.

Desde el momento de la confesión de Chris, su objetivo ha sido restaurar mi confianza en él. Incluso cuando dudo de él y lo cuestiono, no se pone a la defensiva ni tiene una actitud que dice "supéralo". Sabe que sus acciones me causaron un dolor indescriptible y acepta la responsabilidad como suya. Hará todo lo que sea necesario para hacerme sentir segura en mi matrimonio. Ha sacrificado su vida por la mía.

Una noche, Chris tenía que trabajar hasta tarde. Estaba revisando algo en el trabajo y su equipo tenía que pasar muchas horas para completar las cosas. Casi nunca trabaja hasta tarde, así que eso no era un gran problema para mí. Él, en cambio, quería asegurarse de que no me estuviera preocupando o permitiera que mi mente comenzara a vagar por el camino de la desconfianza.

Alrededor de las 8:00 de esa noche, Chris me llamó para informarme cómo iba el progreso. Después de charlar un poco, me dijo: "Oye, ¿por qué no hablas con John unos minutos, está bien?" John cogió el teléfono y dijo: "¡Hola Cindy! ¿Cómo estás?" Le respondí y hablamos un poco. Hacia el final de la conversación, me dijo: "Solo quería hacerte saber que hemos estado trabajando duro esta noche y que dejaremos ir a Chris dentro de un par de horas".

Así es como se restaura la confianza. La humildad, el honor y la seguridad constante, incluso cuando tal seguridad es difícil, inconveniente e incómoda.

Como usted sabe, toda nuestra congregación y el personal de LifeChurch.tv conoce nuestra historia. La mayoría de las personas la consideran un milagro y también saben que todavía estamos en progreso. (¿Acaso no lo estamos todos?) De modo que cuando Chris Beall le da el teléfono a sus amigos y dice: "¿Por qué no hablas con Cindy?", ellos saben de qué se trata. Y cuando le escucho decir: "¿Por qué no hablas con John, está bien?" sé de lo que se trata. Se trata de un esposo que quiere asegurarse de que el corazón de su esposa está seguro, así que se humilla a sí mismo y pide ayuda a lo largo del camino.

El honor y la humildad hacen crecer la confianza

Mi esposo ama profundamente su trabajo, pero ama más a su familia. Y debido a eso, he tenido la bendición de ver cómo la honestidad y la integridad han crecido en su vida. En su responsabilidad anterior en LifeChurch.tv, tenía que viajar de vez en cuando. No todas las semanas, pero cada dos meses tenía que visitar los campus que solía dirigir. Cuando viajaba, casi siempre iba alguien con él. A veces era un compañero de trabajo y otras veces, uno de nuestros hijos. Sin embargo, cuando no había la posibilidad de que alguien lo acompañara, se quedaba en la casa de algún miembro del personal. Su humildad se deja ver porque a veces ese miembro del personal es alguien que responde a él en el trabajo. Hace a un lado su orgullo y permite que esa persona sepa que eso es ahora parte de su vida y de su restauración.

Puede que muchos hombres y mujeres no estén dispuestos a hacer esto debido al orgullo, el ego o, simplemente, la timidez. Se requiere un gran valor para pedirle a alguien que sea parte de su viaje hacia la sanidad. Estoy muy agradecida de que Chris escoja el camino difícil, responda por sus acciones, acepte la responsabilidad y camine en humildad. ¿Hay algo más atractivo? Creo que no.

La confianza implica un riesgo

Me rompe el corazón saber que algunas personas piensan que pueden retomar su vida donde la dejaron antes. Mi esposo se esfuerza bastante, no obstante, todavía enfrento luchas. Desearía poder decir otra cosa, pero estaría mintiendo.

¿No es eso lo que sucede con todos nosotros? He llegado a darme cuenta de que todos somos capaces de hacer cosas que nunca imaginamos que haríamos. De modo que confiar en una persona es un riesgo. Tenemos que aprender a confiar en las personas, pero también debemos estar conscientes de que las personas nos fallarán. Es parte de la vida. Pero si colocamos nuestra confianza más profunda en nuestro Papito celestial, nunca nos decepcionará.

Antes mencioné que dentro de mí está teniendo lugar una batalla mental mientras me esfuerzo por confiar cada día más en mi esposo. Me enrolo en esa batalla de manera regular y esta puede llegar a ser muy fatigosa. Pero mientras más lo hago y creo en lo que Dios me ha mostrado, más fácil se vuelve.

Cuando esta batalla comienza, me paro firme en aquello que es digno de confianza y que nunca falla. Me paro en la Palabra de Dios. Alábelo porque su Palabra es más cortante que cualquier espada de dos filos (Hebreos 4:12). Hay poder en ella y cuando la proclamamos, la creemos, permanecemos firmes y confiamos en ella, seremos levantados. Encontraremos la paz.

La Biblia dice en Proverbios 3:5-6: "Confía en el Señor de todo corazón, y no en tu propia inteligencia. Reconócelo en todos tus caminos, y él allanará tus sendas." La palabra hebrea para confianza es *batakj*. Significa tener confianza. ¿Y sabe usted cómo el diccionario *Webster* define la palabra *confianza*? "Fe o creencia en que uno actuará de una manera correcta, apropiada y efectiva". De modo que, para nosotros, *batakj* en el Señor significa que tenemos que tener fe en que Dios actuará de una manera correcta, apropiada y efectiva. (Lo que con toda seguridad hará, dicho sea de paso).

Cuando llega la batalla, en vez de alimentar pensamientos que creo que vienen directamente del enemigo, me obligo a recordar lo que dice la Palabra de Dios. He encontrado algunos pasajes que me llenan de valor para enfrentar la senda tenebrosa que tengo delante. Cuando los cito en alta voz, el enemigo huye.

> ¡Dios es mi salvación! Confiaré en él y no temeré. El Señor es mi fuerza, el Señor es mi canción; ¡él es mi salvación! (Isaías 12:2).

> Bendito el hombre que confía en el Señor, y pone su confianza en él (Jeremías 17:7).

Destruimos argumentos y toda altivez que se levanta contra el conocimiento de Dios, y llevamos cautivo todo pensamiento para que se someta a Cristo (2 Corintios 10:5).

Ustedes, queridos hijos, son de Dios y han vencido a esos falsos profetas, porque el que está en ustedes es más poderoso que el que está en el mundo (1 Juan 4:4).

Sin embargo, en todo esto somos más que vencedores por medio de aquel que nos amó. Pues estoy convencido de que ni la muerte ni la vida, ni los ángeles ni los demonios, ni lo presente ni lo por venir, ni los poderes, ni lo alto ni lo profundo, ni cosa alguna en toda la creación, podrá apartarnos del amor que Dios nos ha manifestado en Cristo Jesús nuestro Señor (Romanos 8:37-39).

Ten compasión de mí, oh Dios, pues hay gente que me persigue. Todo el día me atacan mis opresores, todo el día me persiguen mis adversarios; son muchos los arrogantes que me atacan. Cuando siento miedo, pongo en ti mi confianza. Confío en Dios y alabo su palabra; confío en Dios y no siento miedo. ¿Qué puede hacerme un simple mortal? (Salmo 56:1-4).

Lea otra vez el último versículo. David reconoce abiertamente que tiene miedo. ¡Y con todo el derecho! Pero entonces recuerda cuán digno de confianza es su Dios. Un minuto tiene miedo y decide confiar en Dios. Al minuto siguiente declara que no tendrá miedo porque confía en Dios. A menudo me parezco bastante al rey David. Un momento hago declaraciones basadas en mis sentimientos de temor y al momento siguiente recuerdo la verdad y decido permanecer en ella. La misma cosa puede suceder al día siguiente, y al otro. He aprendido que si declaro lo suficiente la verdad de Dios sobre mi corazón, con el tiempo penetra en él. Penetra en la sangre que corre por mis venas.

Cuando las personas pasan por situaciones que estremecen su mundo, eso destruye su confianza e incluso su esperanza en la humanidad; desean restaurar aquello que se ha roto, rápido. Por desgracia, la confianza no es un destino hacia el cual viajamos; es una senda que recorremos. Cada día.

El resultado final en mi caso es que cuando Chris está caminando en el fruto del Espíritu de Dios, puedo confiar completamente en él. Pero no es en Chris en quien estoy confiando en realidad: confío en el Jesús que vive en él.

Confíe en Jesús.

Reemplace el enojo por el perdón

"Nunca te perdonaré".

Es probable que haya escuchado a alguien decir estas palabras en algún momento. Y puede darse cuenta de que eso es una sentencia de muerte, ¿cierto? Puede que usted haya dicho esas palabras con el objetivo de provocar dolor en aquella persona que lo ha dañado, pero decir esas palabras hará que usted sufra una lenta y amarga aniquilación de su alma que con el tiempo se lo comerá de adentro hacia fuera. No es agradable escuchar cuando uno es culpable de haber causado dolor a otros. Ciertamente no es bueno ser aquel que lo dice.

Una acción inmadura y superficial puede hacer que usted retire la confianza de alguien a quien ama mucho. Restablecer la confianza es importante. Pero también lo es aprender a perdonar.

A todos nos han herido alguna vez. No soy ajena al dolor que veo en los ojos de tantas personas. Podemos tratar de disfrazarlo y "superarlo", pero si no perdonamos verdaderamente, nos convertiremos en individuos raquíticos esforzándonos por seguir con nuestras vidas y amargándonos cada vez más. El perdón es esencial. También es posible.

Mi papá era un poco irascible. Con frecuencia se frustraba con las cosas más pequeñas y descargaba su ira en mí y en mis hermanos. A menudo yo caminaba sobre ascuas, preguntándome cuando su sangre alemana comenzaría a hervir. Mi meta era, frecuentemente, pasar el día sin hacer enojar a mi papá. Nunca me pegó, pero sus palabras y miradas de decepción a veces cortaban mi corazón en mil pedazos. Hubiera sido ridículo de mi parte esperar disculpas porque estas nunca llegaban. Así que tuve que aprender cómo lidiar con mi enojo, mi frustración y mi sentimiento que casi rayaba en el odio por el hombre al que llamaba papá. Ya no podía soportar más el rencor que había crecido en mi corazón y que me haría convertirme en una joven profundamente amargada.

El legado del perdón

El hecho de tener que perdonar no comenzó en nuestra generación. La Palabra de Dios contiene historias de traición que necesitan el perdón de aquellos que han sido heridos. Mire a Jacob, por ejemplo. Aprendemos en Génesis 29 que se interesó en la hija más joven de Labán, que se llamaba Raquel. Hizo un trato con su padre para trabajar con él durante siete años para poder casarse con ella. El tiempo pasó y llegó el momento, pero Labán engañó a Jacob para que se casara con su hija mayor, Lea. Jacob no se dio cuenta de lo que había sucedido hasta la mañana siguiente.

Claramente Labán traicionó a Jacob a pesar de que la costumbre era que la hija mayor se casara antes que la hija menor. Labán conocía la costumbre pero, a pesar de eso, prometió a Jacob la mano de su hija menor, Raquel. Me imagino que Jacob tuvo que esforzarse para perdonar a su suegro.

Una de las peores historias de traición fue la de José y sus hermanos, descrita en Génesis 37. El niño pequeño de la familia se metió en algunas situaciones bochornosas. Usar el vestido de colores que su papito le regaló y pasearse con él frente a sus hermanos no es probablemente la mejor idea. Pero lo hizo de todas formas. No solo eso, sino que les contó acerca de su sueño de que un día ellos se inclinarían ante él. Mala idea, José. Sus acciones lo llevaron muy lejos de su familia. La historia no termina terriblemente, pero me imagino que mientras José recorría su penoso camino como esclavo o estaba sentado en el calabozo egipcio, tuvo que haber lidiado con el hecho de perdonar a sus hermanos por robarle su propia vida.

La Biblia no se anda con rodeos cuando se refiere al perdón. No tenemos que preguntarnos lo que piensa nuestro Padre celestial acerca de la idea. Él es el autor del perdón y haríamos bien en obedecer sus mandamientos acerca de esto. Mateo 6:14-15 afirma: "Porque si perdonan a otros sus ofensas, también los perdonará a ustedes su Padre celestial. Pero si no perdonan a otros sus ofensas, tampoco su Padre les perdonará a ustedes las suyas."

La palabra griega que equivale a *perdonar* en este versículo es *afíemi*, que significa en su definición simple "echar lejos". Si tomamos los versículos que están arriba y ponemos la definición en el lugar de la palabra *perdonar*, podemos leer algo como esto: "Porque si echan lejos las ofensas de otros, también su Padre celestial echará lejos las suyas. Pero si no echan lejos las ofensas de otros, su Padre celestial no echará lejos las suyas".

Ay. Eso duele un poco, ¿cierto? Especialmente cuando alguien a quien usted ama de manera incondicional lo ha herido tanto. Suena como una broma cruel el hecho de esperar que lo pasemos por alto, ¿no es así?

Colosenses 3:13 afirma: "De modo que se toleren unos a otros y se perdonen si alguno tiene queja contra otro. Así como el Señor los perdonó, perdonen también ustedes." Si usted ha reconocido a Jesús como su Señor y Salvador, sabe que tiene una naturaleza pecaminosa. Si no reconocemos esa naturaleza, no reconoceremos nuestra necesidad de un Salvador. También necesitamos comprender y recordar el verdadero significado del amor de Dios. "Cuando todavía éramos pecadores, Cristo murió por nosotros" (Romanos 5:8). Si entendemos verdaderamente el perdón de Dios, ¿podemos realmente retener el perdón a aquellos que nos han dañado?

Deje de lamerse sus heridas

Tratar nuestras heridas con mucho cuidado puede convertirse en una fuerte tendencia hasta el punto de llegar a identificarnos solo con la herida y no con una vida de sanidad y restauración. Cuando algo nos recuerda nuestro dolor, nos lamemos las heridas sin poder evitarlo. Es casi como si olvidáramos que nosotros también necesitamos un Salvador. Estamos tan ocupados diciendo: "¡Mira mi herida!" que nos olvidamos de entregarla a Dios.

Romanos 3:23 dice: "Pues todos han pecado y están privados de la gloria de Dios". Desde la última vez que revisé, *todo* realmente significa *todo*. Lo que lo incluye a usted y a mí. Ciertamente, no he sido infiel a mi esposo físicamente, pero también he cometido pecados. Y cuando pecamos, no estamos solamente pecando contra una persona; también estamos pecando contra nuestro Padre celestial.

Vea, la clave para aprender a perdonar verdaderamente es esta: dejar las comparaciones. Tenemos que dejar de comparar nuestros pecados con los pecados de otros porque el estándar siempre será diferente. En vez de mirar nuestro pecado a la luz de la perfección de Cristo, empezamos a mirar a las personas que nos rodean. "Bueno, no soy tan malo como Fulano. ¿Sabe lo que ha hecho?"

Cuando comparamos nuestro pecado con el pecado de otros, hacemos que nuestro estándar se convierta en un blanco variable. Eso significa que nunca tendremos un punto de referencia fijo. Nuestro estándar para medirnos nunca debe ser horizontal. Debe ser vertical. Debemos hacer exactamente lo que dice el libro de Hebreos y "fijar la mirada en Jesús, el iniciador y perfeccionador de nuestra fe" (Hebreos 12:2). Cuando lo hacemos, nos damos cuenta de que nos quedamos cortos.

Sé cuán duro es esto. Estoy profundamente consciente de cuántas ganas tiene mi carne de echarle en cara a mi esposo su pecado cuando se molesta conmigo por algo pequeño. Sé cuán fácil sería para mí recordarle sus fracasos y asegurarme de que comprendiera lo perfecto que es *mi* historial en nuestro matrimonio. Pero reaccionar así nunca dará lugar al perdón.

No tengo que recordarle que Cristo vivió una vida perfecta y sin pecado en esta tierra. No hizo nada incorrecto. Nunca. Y cuando me doy cuenta de que estoy teniendo problemas para perdonar a alguien, es casi siempre porque caigo en aquella forma de pensar al estilo de "no puedo creer que ella haya hecho eso" y quito mi enfoque de Jesús para ponerlo en la persona que, a falta de mejores palabras, cayó. Me doy cuenta de que cuando mantengo mi enfoque en Cristo y me esfuerzo para caminar con Él a diario, casi siempre camino en el perdón hacia otros y la gratitud por lo que Cristo hizo por mí.

No espere hasta tener deseos de perdonar

Una de las partes más duras del perdón es que no siempre tenemos deseos de perdonar. El problema es que los sentimientos son, a menudo, traicioneros y erráticos. Así que confiar en algo que no es confiable para algo tan transformador como el perdón es perderse la oportunidad de sanar y continuar adelante.

Hace mucho tiempo aprendí que muy rara vez uno siente la inclinación a hacer acciones positivas, pero puede trabajar para tener mejores sentimientos. Puede que no sienta deseos de levantarse a las cinco de la mañana para salir a correr, pero lo hace de todas formas. Después está muy feliz de haber hecho el esfuerzo extra porque se siente bien y tiene más energía. ¡Sentimos gran satisfacción cuando hacemos algo que nuestra carne nos gritaba que no hiciéramos! Trabajó para tener mejores sentimientos.

Mi pastor dice: "Juzgamos a otros por sus acciones, pero nos juzgamos a nosotros por nuestras intenciones". No podía tener más razón. Cuando hago algo para dañar a otros, casi nunca tengo la intención de hacerlo. Es decir, no soy una persona cruel y genuinamente trato de animar a las personas y no de dañarlas. De modo que cuando hiero los sentimientos de otros, me juzgo con suavidad y no me culpo tanto. Pero cuando otros me dañan, asumo que quieren destruirme. Que quieren hacer mi vida miserable. Hay bastantes probabilidades de que simplemente hayan cometido un error, así como lo hago yo a diario, ¿verdad? ¿Por qué no les doy el beneficio de la duda así como lo hago conmigo?

Cómo saber que está sanando

Los resultados del perdón son diferentes para todos. Algunas relaciones se enmendarán a pesar de la traición y algunas terminarán debido a ella. La clave, no obstante, es asegurarse de que está sanando de esa herida. No quiere que se le haga un nudo en la garganta cada vez que piensa en esa persona, especialmente si él o ella es su cónyuge. Esta es una manera en que puede saber que está sanando de una herida que alguien más le causó: deja de sentir resentimiento hacia su ofensor. Mi mentor dice: "Uno sabe que ha sanado de las heridas que ha sufrido debido a las acciones de otras personas cuando puede mirar atrás a la situación y la ve solo como un hecho".

Todos cometemos errores. Todos hemos hecho cosas que lamentamos. Todos necesitamos el perdón. Y todos necesitamos extender ese mismo perdón a otros, no solo hoy, sino todos los días.

Es tiempo de perdonar.

Su viaje hacia la sanidad

1. Cindy comparte que sufrió la pérdida de la música en su vida después de la confesión de Chris. ¿Existe algo fuera de su matrimonio que ha perdido y tuvo que sufrir? ¿Existe ya en su vida algo que lo reemplace?

2. ¿Le parece algo imposible reconstruir la confianza? ¿Cuáles son los obstáculos actuales que enfrenta para confiar en otra persona?

3. ¿Siente que su cónyuge está dispuesto a restablecer su confianza? ¿Cómo le hace sentir esto? Si él o ella no está dispuesto, ¿qué pasos pueden dar como pareja para unirse y trabajar para reconstruir la confianza mutua?

4. ¿Confía en Dios mucho, un poco o nada? ¿Por qué o por qué no?

5. ¿Le cuesta trabajo perdonar a las personas cuando lo hieren? Si es así, ¿por qué piensa que le cuesta trabajo?

6. ¿En qué ocasiones ha comparado su pecado con el pecado de otras personas? ¿Por qué se sintió tentado a hacer esto? ¿Cuál fue el resultado?

7. Si las personas no se disculpan o demuestran que lamentan haberlo dañado, ¿cómo puede perdonarlas? ¿Qué pasos necesita dar hoy para extender el perdón?

Una historia de sanidad en sus propias palabras

WADE Y CHRISTI

CADA UNA DE LAS HISTORIAS QUE HE COMPARTIDO CON USTED tiene un lugar especial en mi corazón. He visto algunas de ellas desdoblarse justo ante mis ojos y otras me las han contado luego de haber ocurrido. Esta historia es muy especial para mí porque estuve al tanto de casi toda desde que comenzó hasta el punto en que se encuentra hoy. Muy pronto se dará cuenta de por qué me conmueve tan profundamente.

Era mediados de junio del 2008, cuando mi querida amiga Jessica me llamó. Estaba consternada porque recién se había enterado de la infidelidad de su hermano en su matrimonio. Cuando escuchó las noticias, de inmediato pensó en Chris y en mí y pensó que tal vez podríamos ayudar porque…bueno, usted sabe, hemos pasado por eso.

Preguntó si estaría dispuesta a hablar con su mamá. Pasé toda una hora al teléfono con la mamá de Jessica, Margie, porque estaba obviamente afligida por lo que estaba sucediendo en el matrimonio de su hijo menor. Traté de animarla de la mejor manera que sabía, pero la situación lucía sombría porque su nuera, Christi, estaba lista para tirar la toalla y todo lo que eso significa. Y tenía razón en querer hacerlo. Yo también me había sentido así después de enterarme de la infidelidad de Chris. Es una respuesta natural y comprensible ante tan horrible noticia.

Jessica, Margie y yo unimos fuerzas y empezamos a orar por la reconciliación. Yo específicamente oré por el hecho de que si Dios quería que yo hablara con Christi, él haría que ella me buscara. Había escuchado acerca de mi historia por medio de Jessica y sabía por lo que habíamos pasado Chris y yo. No me había contactado en las semanas que siguieron a la confesión de su esposo, de modo que supuse que no estaba interesada en escuchar lo que podía decirle. De modo que seguí orando. Seis semanas seguidas.

Christi compró un boleto de ida desde su casa en Florida para ir a visitar a su familia en Texas. No estaba totalmente segura de que regresaría a Wade. Sin embargo, en medio del deseo de liberarse de su matrimonio, decidió ir a una transmisión simultánea de Beth Moore en una iglesia que estaba a unos 45 minutos de donde vivía.

Asistió a la sesión del viernes por la noche y se sintió conmovida. Al notar que Christi estaba sentada sola y llorando, otra dama, Joyce, se le acercó. Christi le contó a esta extraña todo por lo que estaba pasando y Joyce dijo: "Por favor, regrese mañana por la mañana. Quiero que conozca a alguien".

Llegó el sábado por la mañana y Christi se despertó con una nueva ilusión. Viajó de regreso a la iglesia donde se había encontrado con Dios la noche anterior. Cuando llegó, encontró a Joyce parada junto a un grupo de damas. Al verla, Joyce llamó aparte a su amiga Nancy y caminó hacia Christi.

Después de la presentación, Christi empezó a contarle su historia a Nancy. Luego de unos instantes, Nancy dijo: "Mi hija pasó por una experiencia similar. Vive en Oklahoma, pero sé que le encantaría hablar contigo". Y acto seguido Nancy, mi mamá, sacó el teléfono y Christi me llamó. (Esta es la parte en la que usted se pone la mano debajo del mentón y cierra su boca abierta de asombro).

Ahora bien, creo firmemente en el hecho de que el Dios que amo, conozco y sirvo es el Dios de lo imposible. No hay nada demasiado difícil para Él. Yo lo creo. Lo he predicado. Lo vivo. Pero decir que me quedé totalmente pasmada sería quedarme corta. Es decir, de todas las iglesias en Texas (que son muchas), ella escogió ir a aquella en la que estaba, precisamente, mi madre. Por favor, ¡por amor de Dios!, ¿quiere que se lo pongan más claro?

Christi viajó cuatro estados para alejarse de sus problemas, solo para encontrar que Dios la seguiría a cualquier lugar al que fuera.

Después de hablar conmigo durante media hora, preguntó si ella y su esposo podrían ir a vernos. De modo que cuando Wade llegó a Texas, manejaron seis horas al norte hasta llegar a Oklahoma. Pasamos cinco horas juntos esa noche. Los ojos se nos cerraban pero nuestros corazones estaban repletos. A pesar de que Christi todavía estaba molesta y de que Wade todavía estaba caminando por una espesa nube de vergüenza, había esperanza en sus ojos. Y en sus corazones. A continuación podrá leer acerca del viaje en el que han estado inmersos durante un par de años.

∽

CINDY: ¿Cuál fue tu respuesta inicial cuando supiste de la infidelidad de Wade?

CHRISTI: Me sentí dolida, enojada, devastada, humillada y deprimida. El enojo era lo que más me confundía porque nunca he sido una persona enojada. En realidad nunca he querido golpear o gritarle a alguien, pero esto era diferente.

CINDY: Wade, ¿alguna vez pensaste que harías "algo así" como cometer adulterio?

WADE: ¡Nunca! Me crié en un hogar con sólidos principios cristianos. Comencé mi relación con Jesucristo a una edad muy temprana. Era virgen cuando me casé. Pero mi feo hábito de la pornografía se apoderó de mí y tuvo un efecto muy negativo en mi vida. Incluso ahora, al recordar esos tiempos cuando estaba siendo infiel, me parece algo muy irreal. Todavía no puedo creer que haya llegado a pecar tan profundamente.

CINDY: Christi, ¿qué hizo posible que te quedaras?

CHRISTI: Dios había estado tratando de llamar mi atención durante muchas semanas y yo había hecho todo lo que podía para ignorarlo. Pero cuando me senté en aquella iglesia en Texas con tu mamá, no pude negar el hecho de que Dios quería algo diferente para mi vida. Aquel día fui capaz de decirle a mi esposo que quería intentarlo.

CINDY: ¿Cómo has podido perdonar a Wade?

CHRISTI: Había muchas cosas en mi vida que necesitaba resolver: la dependencia, las heridas del pasado, asuntos con mi autoestima y algo de falta de perdón. Cuando decidí trabajar en mí misma y dejar que Dios se encargara de mi esposo, fui capaz de empezar a perdonarlo. ¡Definitivamente no fue instantáneo! Fue un proceso muy duro y largo.

CINDY: Wade, ¿alguna vez te has sentido avergonzado por lo que hiciste? ¿Qué significa para ti vivir en el quebranto?

WADE: Esta ha sido una de las partes más duras de mi recuperación. Mi pasado de veras me duele. Daría lo que no tengo por regresar el tiempo atrás. Estoy feliz por la manera en que Dios ha intervenido en mi vida y ha salvado mi matrimonio, pero todavía odio el hecho de haber traicionado a mi esposa, a mi Señor, a mis padres y al resto de las personas en mi vida.

CINDY: ¿Y qué hay de la confianza?

CHRISTI: Una mujer sabia (esa eres tú, Cindy) me dijo una vez que no sería capaz de confiar en mi esposo, pero que podía confiar en el Dios que vivía en mi esposo. Eso es exactamente lo que estoy haciendo. Veo a Wade esforzándose para seguir a Dios y conducir a nuestra familia según la voluntad de Dios y eso hace que sea más fácil confiar en él.

WADE: Esta es una batalla diaria. Creo que cada día que pasa manteniéndome fiel a mi esposa es otro día en el que ella gana un poco más de confianza. Supongo que siempre le va a quedar un poco de duda con respecto a mis acciones durante el resto de nuestras vidas. Reconozco que es mi responsabilidad recorrer la milla extra para asegurarme de mostrarle transparencia y honestidad.

CINDY: Cuando miras a Christi ahora, ¿cómo te sientes?

WADE: Miro a Christi hoy de una manera diferente a como alguna vez lo hice. Cuando alguien le muestra a una persona la gracia que ella me ha mostrado a mí, ¡es imposible no hacerlo! Christi es más hermosa para mí hoy que el día en que la conocí. Experimentamos la intimidad a niveles mayores que nunca antes. ¡Y eso era algo que no estaba seguro que tendríamos!

CINDY: ¿Cómo está tu matrimonio hoy?

CHRISTI: Encaminándose en la dirección correcta. Hemos avanzado mucho y muchas partes de nuestro matrimonio son mejores de lo que fueron alguna vez. Sé que todavía necesitamos trabajar en algunas cosas, pero estamos comprometidos a hacerlo juntos.

WADE: Es una obra en progreso. Me gustaría poder escribir que estamos totalmente sanos y que ahora nuestro matrimonio es perfecto, pero no puedo. Todavía discutimos, todavía aparece el fantasma de mi pasado (aunque no mucho), todavía me enojo con mi raro sentido del humor y todavía peleamos, pero tenemos un nuevo fundamento sobre el cual construir. ¡También tenemos un asombroso milagro al cual mirar que nos recuerda que Dios realmente nos ama!

9

Apóyese en la fortaleza de otros

CUANDO PASAMOS POR ALGO DESGARRADOR, ni para qué decir humillante, es natural querer aislarnos del mundo e incluso de aquellos más cercanos a nosotros. Con determinación y un poco de tozudez, continuamos con nuestras vidas tratando de sobreponernos al dolor, para sufrir en silencio. El orgullo puede ser nuestra motivación, pero a veces es simplemente muy difícil saber cómo interactuar con otros cuando estamos quebrantados. Es difícil reunir la energía que necesitamos para contar nuestros problemas a otras personas y encontrar alguien que sea digno de nuestra confianza y confesión.

A pesar de lo difícil que pueda resultar hablar sobre sus preocupaciones y problemas, sí necesita la fuerza, la sabiduría y la guía de personas piadosas para atravesar este momento y para todo lo que enfrentará a medida que continúa trabajando en todas las esferas de necesidad y sanidad.

Chris y yo muy pronto nos dimos cuenta de que sentarnos a nuestra mesa del comedor a mirarnos el uno al otro no iba a ser de ayuda. De hecho, aquel aislamiento autoimpuesto ejercía una presión excesiva en

127

ambos cuando ya teníamos suficientes preocupaciones y temores dando vueltas en nuestras cabezas.

En busca de apoyo

Llegamos por primera vez a LifeChurch.tv en septiembre de 2001. Chris estaba solicitando un puesto como pastor para liderar la adoración y vinimos el fin de semana para dirigir la adoración. Conocimos a Jim y a Beth ese fin de semana y de inmediato nos sentimos atraídos hacia ellos. Más tarde supimos que a ellos les había pasado lo mismo con nosotros. Puede llamarlo almas gemelas o semejanza de espíritu; fue algo que el Espíritu de Dios permitió y no podemos explicarlo. Con el tiempo supimos por qué Dios había colocado eso en todos nosotros. El camino que más adelante se tomaría sería muy escabroso.

La confesión de Chris impactó a todo el personal de nuestra iglesia. Solo había estado allí seis semanas cuando confesó su adicción a la infidelidad. Asombrosamente, no lo rechazaron. Las personas estaban muy emocionadas cuando Chris se unió al equipo y muy tristes cuando supieron de su caída. Estoy segura de que hubo momentos en que lo juzgaron, lo cual es comprensible. Pero la mayoría de las veces, le brindaron ánimo y amor.

Jim también era pastor del personal de la iglesia, que era relativamente pequeño comparado con lo que es hoy. Jim y Chris no pasaban mucho tiempo juntos, pero a pesar del poco tiempo que tenían libre pudieron comenzar una amistad, que sería vital en el proceso de restauración de nuestro matrimonio.

Aunque Chris se mudó a Oklahoma a principios de enero del 2002, yo me quedé atrás hasta que se concretara la venta de nuestra casa. El 7 de febrero yo estaba en Edmond, lista para comenzar una nueva etapa en mi vida. El 18 de febrero sonó el timbre de mi puerta. Vi a Beth sosteniendo un ramo de flores. La invité a pasar y en ese instante comenzó una relación que duraría el resto de nuestras vidas. En aquel momento no tenía idea de cuán pronto necesitaría su amistad.

El día siguiente fue el día que cambió mi vida. Sin amigos a la vista, de inmediato pensé en Beth, pero no tenía intenciones de llamarla. Yo siempre había sido alguien a quien las personas acudían en busca de consejo y ayuda, no quien los pedía. Mi orgullo estaba afectando mi sentido de la realidad porque realmente necesitaba a Beth pero no quería buscarla. Al otro día, Chris y yo supimos que Jim y Beth querían reunirse con nosotros. Sin tener idea del objetivo del encuentro, aceptamos gustosamente. Si podían ayudarnos a sobrellevar esta carga, estaríamos agradecidos.

El día siguiente a la confesión de Chris, "la señora Beth," como muchos la llamaban afectuosamente, llegó a mi casa para reunirse urgentemente conmigo. Obviamente mi rostro estaba descompuesto. Nunca he sido la clase de persona que esconde sus sentimientos. El fingimiento es algo que no va conmigo. En mi caso, soy lo que ve. Y la señora Beth vio bastante aquella noche.

Llegamos a Sonic, un restaurante de comida rápida, y pedimos unos refrescos. Enseguida ella sacó la cartera y me hizo un ademán para que guardara la mía. Era como si supiera que íbamos a tener escasez de dinero, de modo que no quería que pagara.

No hablamos mucho rato sobre temas triviales. Fuimos directo al punto para hablar acerca de lo que había sucedido en las últimas 36 horas. A su manera muy animosa, intentaba minimizar la situación para evitar que yo siguiera llorando. Mis mejillas se habían convertido en la casa de mis lágrimas todo el día y estaba muy agotada. Por desgracia, pronto sabría que este día se iba a repetir una y otra vez, algo así como mi *Día de la marmota*, pero Bill Murray no era el personaje principal. Era yo.

Si me pidiera que le contara lo que me dijo la señora Beth aquella noche mientras estábamos tomando nuestras sodas en el estacionamiento, no podría hacerlo. No recuerdo si me dio algún consejo valioso. No recuerdo si hizo alguna broma. No recuerdo si hubo algún "ajá" ante algo que ella dijo. Lo que sí recuerdo es que estuvo allí. Y eso era lo que yo necesitaba.

Usted no está solo o sola

Cuando llegan los tiempos difíciles, muchos de nosotros pensamos que somos los únicos que hemos enfrentado situaciones tan difíciles. La realidad es que todas las personas han enfrentado alguna clase de dificultad en sus vidas. Así es la vida. El dolor y el sufrimiento y el conflicto siempre van a estar presentes. Muchas parejas no han atravesado una situación de adulterio, pero han atravesado alguna otra cosa igualmente devastadora.

Jim y Beth no siempre habían estado en el ministerio a tiempo completo. Pasaron la mejor etapa de su vida contribuyendo a un negocio familiar. Hacía mucho tiempo, habían enfrentado algo que demasiadas parejas enfrentan en los Estados Unidos dentro de su matrimonio. También habían experimentado la infidelidad.

¿Le suena familiar? Anteriormente en este capítulo ya le comenté que habíamos experimentado una conexión con Jim y Beth desde el inicio, pero no sabíamos por qué. Bueno, ahora lo sabíamos. Habían sufrido la infidelidad y habían sobrevivido. De hecho habían logrado algo mejor que simplemente sobrevivir; había florecido y crecido como pareja.

El hecho de que se nos hubieran "asignado" a nosotros era más que apropiado. Habían pasado por la misma prueba y sus hijos ahora eran grandes, lo que les había dado la libertad para pasar mucho tiempo con nosotros. Y sí que lo hicieron.

La frecuencia con que visitaban nuestra casa era asombrosa. Estaban literalmente a nuestra disposición. No porque nosotros se lo hubiéramos pedido, sino porque ellos sabían que los necesitábamos. Nos comunicábamos con ellos todos los días y casi siempre sabían cuándo necesitábamos una visita. No esperaban a que se lo pidiéramos. Estaban conscientes del daño emocional que estábamos intentando reparar y querían estar disponibles todo el tiempo.

Cuando estaba en Texas visitando a mi familia tenía miedo de dejar solo a Chris porque no estaba segura de si me engañaría otra vez. Esperaba que hubiera aprendido la lección, pero en aquel momento, era capaz de confiar muy poco en él. Y eso, amigos, no era suficiente.

Con el propósito de aliviar mi corazón herido y de ayudarme a sentirme un poco más segura, Jim decidió venir todas las noches a mi casa para ocuparse de Chris mientras yo estaba lejos. También le pidió las llaves del auto.

Chris se las dio con mucho gusto. Y cada mañana, Jim le devolvía las llaves a Chris. Jim hizo esto durante diez días seguidos. La mayoría de las personas pasan toda la vida deseando tener un amigo como Jim. Tanto él como Beth fueron más allá de su deber para ministrarnos.

Está claro que no nos alegrábamos de que Jim y Beth hubieran sufrido el adulterio en su matrimonio, pero Dios usó su experiencia para ayudarnos.

Para mí, Beth significó una tremenda fuente de ánimo para ayudarme a creer que era posible la vida después del adulterio. Y no solo una vida ordinaria, ¡sino una vida extraordinaria llena del poder y del amor de Dios! Yo no había causado aquella situación escandalosa en mi matrimonio, pero Beth me ayudó enseguida a enfocarme en mí misma y en cómo podía cambiar y crecer como creyente en Cristo a través de esto. Podía haber sido tan fácil para mí señalar a Chris y emprenderla con él pero ella no me iba a permitir hacerlo. Una y otra vez Beth me desafiaba y luego me abrazaba o me mostraba una gran sonrisa. Era absolutamente gentil.

Jim también estaba ayudando a Chris con muchos asuntos, incluyendo el de reconstruir mi confianza en él. Jim fue una influencia muy positiva en la vida de Chris, pero también le advirtió que el camino que había escogido iba a ser agreste, al menos durante algunos años. Chris lo aceptó, asumió la responsabilidad por sus acciones y trabajó hasta lo sumo para ganarse de nuevo mi confianza. Si no hubiera sido por la guía de Jim y Beth en nuestro matrimonio, estoy bastante segura de que no lo hubiéramos logrado.

Expanda el círculo

No tiene que abrir una sala para conversatorios e invitar personas extrañas a escuchar su historia, pero es muy beneficioso tener una red de apoyo que se extienda más allá de una pareja de la familia o miembros de la iglesia. Por un lado, el hecho de estar aconsejando o pastoreando a un matrimonio en dificultades puede implicar una gran responsabilidad para una o dos personas. No solo Jim y Beth jugaron un papel muy importante en nuestras vidas sino también el pequeño grupo del que formábamos parte. Todavía recuerdo la noche del primer encuentro. Estaba muy nerviosa. En realidad no quería estar allí porque me sentía muy vulnerable. Me habría gustado quedarme en casa pero estoy segura de que fue Dios quien me "persuadió" para estar allí aquella noche. No es muy cómodo que digamos llegar a un grupo de extraños. Afortunadamente para nosotros, ellos no nos veían de la misma manera. Era como si nos conocieran.

Una vez más, no puedo recordar muchas cosas que sucedieron aquella noche, pero sí recuerdo una. Durante nuestra conversación, una mujer llamada Elizabeth se acercó a nosotros, se paró delante de nosotros, nos agarró las manos y nos dijo con muchos rodeos que íbamos a ser capaces de superar esa situación. No estaba acostumbrada a dicho tipo de encuentro, alguien que me dijera lo que iba a suceder en el futuro. Pero por alguna razón, escuché y creí todo lo que dijo. Tanto Chris como yo estábamos llorando frente al grupo. Mientras Billy y Rhonda nos dirigían en la música, lloramos aún más. Había escuchado que las "lágrimas limpiaban el alma". Creo que mi alma estaba muy limpia esa noche.

Este grupo nos amaba, oraba por nosotros, nos invitaba a su casa y sostenía nuestras manos mientras llorábamos. Sé que Jesús estaba orgulloso al ver a sus hijos haciendo lo que él les había pedido que hicieran durante siglos.

Recibimos mucho apoyo por parte de muchos creyentes en Cristo, pero había algunos que pensaban que debía dejar mi matrimonio. Cuando decidí quedarme, perdimos algunas relaciones. Me imagino que no pudieron sobreponerse a los resultados de las acciones de Chris. Nos duele mucho que eso haya sucedido, pero a veces sabemos que simplemente es parte del proceso.

El honor en la honestidad

No puedo escribir este capítulo sin mencionar a nuestro pastor principal, Craig Groeschel, y su papel como líder. Decir que la confesión de Chris fue difícil para él es ponerlo de la manera más suave. Esta situación tuvo las características de una historia muy controversial. Simplemente pudo haber quitado a Chris y haber dicho que habíamos "tenido otro sentir en nuestro corazón" pero Craig pensaba que decir la verdad era la única vía posible.

Craig se sintió sorprendido al saber la noticia. Pudo haber despedido a Chris y haberlo dejado a su suerte. Tristemente, muchos líderes de iglesias han hecho eso con sus miembros.

Craig no lo hizo.

Escogió el camino difícil, como lo hace casi siempre. A pesar de la herida reciente y la traición que la adicción y la infidelidad de Chris implicaban, decidió brindar esperanza y ayuda a un hombre muy quebrantado y a su familia. Ya fuera él o su esposa, Amy, me llamaban todas las semanas durante los primeros meses simplemente para saber cómo estábamos. De hecho, ahora me río cuando me acuerdo, pero Craig dijo durante algún tiempo que no estaba interesado en hablar con Chris, de modo que muchas noches le pedía a Amy que llamara a Chris porque él no estaba listo para hablar. Hubo un período de diez semanas durante el cual Craig no habló con Chris. Necesitaba un poco de espacio para procesar todo lo que había sucedido. Era muy grande la traición que había sentido como líder, como aquel que había buscado a Chris, lo había traído a Oklahoma y lo había aceptado como pastor.

En ningún modo era perfecto, por tanto él también necesitaba tiempo para asimilar su dolor y decepción. No obstante, a pesar de los sentimientos que proliferaban en su corazón, decidió traer restauración a su familia a pesar de cómo se sentía. Saber que Craig y Amy apoyaban cien por ciento nuestro proceso de restauración significó mucho para Chris y para mí.

Craig y el equipo de liderazgo de la iglesia estaban deseosos de ayudarnos en este proceso, pero tenían algunas estipulaciones que debíamos respetar. Chris rendía cuentas ante el liderazgo de la iglesia por todas y cada una de las cosas que hacía. Ellos le indicaron el tipo de trabajo que debía conseguir. Y él escuchó. Vinieron y sacaron la computadora de nuestra casa durante casi dos meses. Y Chris no rebatió. De hecho, con mucho gusto la desconectó y la empacó para que se la llevaran. Se reunía con Jim tan seguido como era posible y obedecía cada palabra que decía. No tomaba ninguna decisión sin antes pedir consejo. Y la parte más poderosa de todo esto es que todos los domingos en la mañana entrábamos por la puerta de la iglesia. Chris no entraba con la cabeza muy alta, ni demasiado erguido. Miraba solo al frente, saludaba a aquellos que lo abrazaban y se esforzaba por convertirse en el mejor seguidor de Cristo, en el mejor esposo y en el mejor padre que pudiera. Pocas personas hacen esto cuando se han provocado una herida como esta.

Muchos pudieran pensar que tales lineamientos y reglas pueden llegar a sofocar a una persona. En nuestro caso no fue así. Creemos, por el contrario, que esas fueron las cosas que nos salvaron. El papel de Craig y Amy era menos invasivo que el de Jim y Beth, pero sus corazones estaban con nosotros en oración y lo sabíamos.

Los favoritos de Dios

Los miembros del personal de LifeChurch.tv no fueron los únicos que nos abrazaron a mí y a Chris y que oraron con nosotros durante los tiempos difíciles. El campus en el que servíamos también fue de tremenda bendición. Hubo una persona en particular cuya seguridad acerca de nuestra restauración era algo sobrenatural. Era como si Dios le hubiera hablado directamente sobre nosotros. De hecho, creo que así fue.

Transcurría el mes de abril de 2002. Recuerdo ese día como si fuera ayer. Rita y yo estábamos sentadas y dispuestas a disfrutar de un almuerzo de comida mexicana al estilo tejano de lo mejor que se puede encontrar en Oklahoma. A pesar de que Chris y yo nos estábamos esforzando para arreglar las cosas, el dolor todavía estaba fresco y era raro el día en que mis mejillas no se mojaran con lágrimas. Algunas eran lágrimas de tristeza. Otras, de felicidad. Pero lágrimas al fin y al cabo.

Esta apreciada amiga había formado parte de mi vida durante

menos de un año. A decir verdad, no tengo idea de cómo Rita y yo llegamos a ser tan amigas. Soy lo suficientemente joven como para ser su hija. Pero de inmediato nos conectamos y hasta el día de hoy siento un profundo amor por esta mujer.

Mientras comíamos un poco de salsa y tortillas, me preguntó acerca de mi vida. Sondeó las partes más profundas de mi corazón. Escuchó con mucha atención, como si yo fuera la persona más importante para ella en todo el mundo. Y durante aquella hora de almuerzo creo que así era. Con cada experiencia que compartía, movía su cabeza con asombro al ver cómo Dios había obrado ya tantos milagros en mi matrimonio. Y cuando mis ojos se llenaban de lágrimas, los de ella también.

Mientras transcurría nuestra hora de almuerzo juntas, me esforzaba grandemente para expresar mis sentimientos con palabras respecto a lo que Dios estaba haciendo en mi vida. Al final dije: "Me siento como si fuera una favorita de Dios".

"Lo eres. Y yo también", respondió.

¿Qué?

Durante todos los años que he conocido a Cristo, nunca había visto tan clara la idea de que amo y sirvo a un Dios que puede hacerlo todo, incluyendo el hecho de hacer que cada uno de sus hijos se sienta como favorito de Dios. Me asombra grandemente su habilidad para ir más allá de nuestra comprensión.

Mi tiempo con Rita aquel día estará siempre presente en mi mente. La mayoría de las personas que estaban allí han de haber pensado que éramos simplemente un par de mujeres comiendo enchiladas y tacos. Nunca se hubieran imaginado que el Creador del universo estaba moldeando el corazón de una joven mujer en el asiento de un restaurante común y corriente. Y que estaba usando a una de sus hijas para hacerlo.

No puedo recordar ni un solo dedo que nos señalara a mí y a mi esposo. Solo recuerdo muchas sonrisas al momento de decir "Estoy orando por ustedes", muchos abrazos y aquella frase: "lo van a lograr" por parte de personas que sinceramente creían que servían a un Dios que era especialista en hacer lo imposible.

Tenían mucha razón.

Asuntos familiares

Cuando la infidelidad o una deslealtad de cualquier tipo entran a una relación entre un hombre y una mujer, esa herida no demora mucho en extenderse hacia ambos lados del árbol familiar. Puede convertirse en un terreno difícil y agreste, lleno de opiniones, consejos y de más personas que sufrirán decepciones. La lealtad se afecta y los corazones se quebrantan. Entonces la alternativa es vivir el proceso de sanidad en secreto. Y esto simplemente no funciona.

Es probable que el momento más difícil para Chris, además de cuando me contó lo sucedido, haya sido el día que llamó a su papá, Charles, para decirle la verdad. Los hijos anhelan la aprobación de su padre hasta el último día. Y Chris sabía que lo que tenía que compartir decepcionaría y entristecería profundamente a su padre. Me senté allí aquella noche y vi a Chris admitir su fracaso ante el hombre que más amaba en el mundo. Lloró como nunca antes lo había visto llorar. Pero lo que lo hizo llorar aún más fue el tono de perdón en la voz de su padre. Charles fue un verdadero mensajero de la gracia de Dios aquella noche. Y Chris necesitaba eso desesperadamente.

Los cinco hermanos de Chris también se mostraron muy amorosos y llenos de gracia con Chris. Estaban quebrantados por lo que había pasado y tenían la esperanza de que nuestra familia no se disolviera por las acciones egoístas de Chris. Su hermana gemela, Jenny, se sintió especialmente afectada. Le dijo algunas cosas por teléfono, pero nada ofensivo. Su decepción era comprensible porque ella y Chris siempre habían estado juntos. Incluso me pregunto si ella lo ayudó cargando algo de su dolor durante aquel tiempo.

Decírselo a mi mamá era algo que no deseaba hacer. Estaba segura de que me diría que debía abandonar mi matrimonio. Para ser franca, no la hubiera culpado. Yo le hubiera dicho lo mismo a mi hija. Pero no lo hizo. De hecho, a pesar de que suele darme muchos consejos, en aquel momento se limitó de hacerlo.

Siempre he dicho que, si alguien pusiera la mano sobre alguno de mis hijos y les hiciera daño, yo me convertiría en casi un monstruo. No puedo imaginarme la batalla que se estaba llevando a cabo dentro de ella mientras veía el corazón de su hijita romperse en mil pedazos. El problema era que yo tenía 31 años, por lo que comprarme un chupete o un caramelo no solucionaría la situación. Mi hermano mayor, Mark, se mostró muy juicioso ante de la situación. Mi papá había fallecido antes de yo casarme, de modo que Chris le había pedido a Mark mi mano en matrimonio. La respuesta de Mark fue sí, con una fuerte advertencia de que me cuidara. Me imagino que Mark estaba enojado porque Chris hubiera hecho tal cosa, pero ya que él mismo es un adicto, Mark entiende que los adictos hacen cosas que nunca soñaron que harían.

Mi mayor pesar en nuestra historia es que a mi hermano David no le conté de inmediato lo que sucedía. Estaba sirviendo a nuestro país en Okinawa en aquel momento y nuestra relación no era muy fuerte. No hablábamos mucho porque nuestras vidas eran diferentes y vivíamos en dos continentes distintos. Como podrá imaginar, cuando le conté luego de un año o más, se sintió traicionado. Había estado en el campo militar durante la mayor parte de su vida adulta y, por eso, estaba en muchos lugares diferentes que lo alejaban de nosotros. De modo que mi decisión de no contarle esa información no hizo más que intensificar sus sentimientos de que lo habíamos hecho a un lado.

La retrospectiva ofrece una visión 20/20. Si en aquel entonces hubiera sabido lo que sé ahora, no habría hecho eso. He aprendido que decir la verdad es siempre la mejor decisión, incluso si hace que alguien se enoje o se sienta incómodo. Al menos esa persona lo respetará por ser franco. Ahora, ocho años más tarde, mi relación con David es estupenda. Pero lamento haber perdido tiempo con él.

Nuestras familias no tuvieron una gran interacción con nosotros durante los primeros y frágiles meses, pero estaban pendientes de todo lo que sucedía. Y hoy están conscientes de que todos formamos parte de un verdadero milagro. Tenían todo el derecho de estar enojados con Chris. Hubiera sido perfectamente comprensible si me hubieran dicho que me alejara de mi matrimonio. Pero no lo hicieron. Oraron, nos amaron, apoyaron, animaron y ejemplificaron el perdón mejor que cualquier grupo de personas que haya conocido.

La parte más difícil de pasar por algo como esto es contarle a alguien. Creo que es por eso que muchas personas se sienten solas en su dolor. Debido a su orgullo, enojo o vergüenza, se niegan a compartir su dolor con otros. Puedo entenderlo muy bien. Algunos de los momentos más difíciles para mí incluyeron las ocasiones en que debía obligarme a mí misma a hacer algo que cada parte de mi carne me gritaba que no lo hiciera. Avancé a pesar del dolor, solo pidiendo a Dios que encontrara una esperanza en el camino. No fui a una cueva a esconderme de aquellos que querían ayudarme. No puedo decir que no lo pensé pero, a pesar de todo lo que mi carne estaba gritando, una parte de mí, donde vive el Espíritu de Dios, sabía que tenía que sumergirme en la esperanza. Esperanza que encontré en el cuerpo de Cristo.

Me doy cuenta de que la cantidad de apoyo que recibimos Chris y yo es rara. La mayoría de las personas dirían que tenemos suerte de haber encontrado esto. Personalmente, creemos que Dios nos proporcionó este sistema de apoyo para mostrarnos cómo se supone que esto se haga. Nuestra historia era y es una historia pública. Tenemos una plataforma que nos permite demostrar a otros pastores y a todo el cuerpo de Cristo cómo responder ante la aparición de noticias tan devastadoras.

Sin embargo, creo que una de las razones por las cuales las personas no tienen suficiente apoyo cuando están atravesando por momentos difíciles es que no abren sus vidas. Durante años he hablado con muchas personas que están sufriendo y cuando les pregunto si han compartido su historia con alguien o con un grupo pequeño de personas, la respuesta casi siempre es no. Si no abre su corazón, no sanará. Estoy totalmente convencida de esto. "Por eso, confiésense unos a otros sus pecados, y oren unos por otros, para que sean sanados. La oración del justo es poderosa y eficaz" (Santiago 5:16).

No tiene que decirle al mundo entero lo que ha pasado en su vida como lo hicimos Chris y yo. Algunas historias no van a ser tan públicas como la de nosotros. Pero si se encuentra en el colmo de la desesperación y no cree que las cosas vayan a mejorar, quizás sea porque no haya abierto su vida para recibir el tipo de trasplantes de esperanza que uno puede obtener solo por medio de creyentes con ideas afines.

Arriésguese. Converse acerca de lo que hay en su corazón.

Estoy segura, sin lugar a dudas, de que comenzará a experimentar la verdadera sanidad.

Su viaje hacia la sanidad

1. Cuando está sufriendo, ¿su primera respuesta es compartir el dolor con aquellos que ama o encerrarlo e ignorarlo?

2. ¿Tiene algún mentor en su vida a quien puede acudir en busca de un consejo sabio?

3. ¿Por qué a algunas personas les cuesta trabajo buscar ayuda?

4. ¿Alguna vez ha formado parte de un grupo pequeño donde se conversa acerca de las situaciones difíciles de la vida? Si nunca ha tenido esa experiencia, ¿por qué no lo intenta?

5. Si está atravesando el dolor en este momento y no lo ha
   compartido con nadie cercano a usted, ¿dará un paso hoy
   para hacerlo?

10

Lo que sea necesario

EN 2010 CUMPLÍ 40 AÑOS.

Solo el hecho de escribirlo hace que me duela la espalda. Sin embargo, para honrar mi vida y ese momento importante de ella, me tracé la meta de correr mis primeros cinco kilómetros antes llegar a los gran cuarenta. Pasé mis años de escuela corriendo en el equipo de atletismo, pero desde entonces, no había dedicado mucho tiempo a correr grandes distancias. Decidí que quería añadir los 5 km a mi récord personal. De modo que así lo hice.

Me desperté temprano la mañana del Maratón de Oklahoma City Memorial en abril de 2010. Era una mañana agradable, pero bastante fría y después de recoger a mi compañera de carrera, Amy, nos dirigimos al centro de la ciudad. Deambulamos por las calles y encontramos miles de corredores. Algunas eran personas acostumbradas a participar en maratones que viajan por el país para ganarse la vida de esa manera. Otros, como yo, estaban haciendo su primera carrera. Había mucha gente, las personas empujaban y fue difícil llegar a lo que se suponía era el punto de partida. Pero estaba muy emocionada. Podía sentir la adrenalina fluyendo por mis venas. Había entrenado. Estaba lista.

Amy y yo salimos con el resto de corredores. La mayoría del camino era plano, excepto un par de colinas. Jadeábamos y resoplábamos subiendo y bajando aquellas colinas y, antes de que nos diéramos cuenta, la carrera terminó. Hice el mejor tiempo de mi vida en aquellos 5 kilómetros y ambas nos sentimos como un millón de dólares. Llegué a casa a las ocho y media aquella mañana y definitivamente la felicidad me duró todo el día. Había corrido 5 km sin detenerme a mis 39 años.

Enseguida mi mente empezó a pensar en otras carreras en las que podía participar. Me vi a mí misma corriendo 10 km. Eso requeriría mayor entrenamiento, pero creí que podía hacerlo. ¿Y si me aventuraba a correr medio maratón? ¿Podría correr 21 kilómetros? Ni por un momento pensé en un maratón completo. Podía manejar 42 kilómetros, no correrlos. Correr durante cinco horas no es la mejor idea que se me puede ocurrir para divertirme, aunque lograra ganarme una pegatina indicando que corrí 42 kilómetros para ponerla en la parte trasera de mi auto.

Aprendí algo acerca de mí misma después de la carrera. Sin una carrera prevista para el futuro, dejaría de correr. Pasé algunas semanas sin correr y me di cuenta de que si quería estar en forma, era una buena idea trazarme metas. No obstante, honestamente no quería eso. Solo quería sentarme en el portal, disfrutar la vida y no tener que despertarme al despuntar el día para salir a correr. Pero no podría estar en forma ni mantener mi corazón saludable si simplemente me quedaba sentada. De modo que seguí corriendo.

Para entrenarme con el objetivo de correr los 5 y 10 km, me levanto temprano los sábados por la mañana en vez de quedarme durmiendo hasta tarde. Por mi cuenta hago pesas y ejercicios para tonificar el cuerpo. Aumento mi consumo de carbohidratos la noche antes de las carreras. Me hidrato antes y después de las carreras. Tengo cuidado con lo que como. Me esmero entrenándome para estos eventos, pero no porque quiero acumular docenas de pegatinas para mi carro o recibir aplausos de mis amigos. No, lo hago porque si no me trazo una meta, probablemente no corra. Y si no corro, me quedaré sentada. Y si me siento, no estaré cuidando mi cuerpo, el cual es templo del Espíritu Santo. De modo que hago el esfuerzo, trabajo para algo en el futuro (a pesar de lo incómodo que pueda ser) y espero ver resultados asombrosos.

Mantener un matrimonio saludable, incluso uno que no haya sufrido traumas significativos, también requiere entrenamiento, mantenimiento y metas. Hacer lo que se necesita para esto incluso cuando su cuerpo desea hacer lo contrario, *eso* es lo que se necesita cuando a uno le interesa algo o alguien profundamente.

Enmendar un matrimonio

Algunos matrimonios no sobrevivirán a la infidelidad. Esa es la realidad. No sobrevivirán porque las esposas y esposos no quieren soportar el dolor y la incomodidad que implica arreglar algo que está roto. Cuando su matrimonio se está deshaciendo debido a la infidelidad o a cualquier otra deslealtad, la sanidad nunca se producirá de un día para otro. Llevará meses y posiblemente años alcanzar un estado mental, espiritual, físico y emocional que se parezca a lo normal.

Lógicamente, cualquier persona siente tan profundamente el dolor de la traición inicial que la idea de dar pasos difíciles hacia la restauración suena como inscribirse para más dolor.

Y ni siquiera esa es la parte dura.

La parte dura es evitar que su mente haga las cosas de un modo diferente esta vez. Establecer nuevos hábitos en su matrimonio a medida que se relaciona con su cónyuge y con otras personas es un imperativo. Batallar con pensamientos aquí y allá mientras su enemigo espiritual intenta colocar obstáculos en su camino será lo habitual. Mi amiga Sarah afirma que debemos divorciarnos de nuestros matrimonios como eran antes y hacerlos nuevos. Tiene mucha razón.

Ahora bien, no piense que no tengo fe. Sí tengo fe. De hecho, tengo mucha. Y estoy totalmente convencida de que Dios es capaz de hacer cualquier cosa que desee. Pero nos ha dado a los seres humanos voluntad libre para tomar nuestras propias decisiones. Y no es nada raro que nos metamos en líos y echemos a perder las cosas, ¿cierto?

Algunas personas parecen no poder perdonar a pesar de que a ellas se les ha perdonado mucho. Algunas personas parecen no poder soportar un dolor santo y hacer lo que sea necesario para recuperar la confianza de su cónyuge después de una traición. Algunas personas son incapaces de admitir que tienen un problema y quieren ignorar el dolor y hacerlo a un lado. Pero, por supuesto, un día cuando doblan la esquina, allí estará mirándolos precisamente a los ojos. Algunas personas simplemente no están dispuestas a soportar el dolor y a hacer el esfuerzo para remediar las cosas. Según mi experiencia, eso es lo que sucede.

Se necesitan dos

Tanto Chris como yo estábamos seguros de que *restaurar un matrimonio requiere dos personas dispuestas a hacer lo que sea necesario.* Cuando la infidelidad u otro tipo de traición ha tenido lugar en un matrimonio, solo funcionará una decisión de hacer "lo que sea necesario" que esté profundamente arraigada en la mente y el corazón. Si es solo una de las dos personas la que desea ver la relación restaurada, las probabilidades de que ese matrimonio sobreviva son pocas. Esa es una pastilla difícil de tragar, pero según lo que he visto en otros matrimonios afectados a los que he conocido, es la realidad.

Vea a Steve, por ejemplo. Es un hombre de bien. Cuida de su esposa y de sus hijos, pero solo hasta cierto punto. No ha dicho esas palabras exactamente, pero sus acciones no muestran lo contrario. Sus problemas son serios y, a pesar de decir que desea ayuda y quiere ser un mejor esposo y padre, no lo demuestra. Cuando surgen situaciones que hacen que su esposa sienta dudas, su naturaleza defensiva aparece y se pregunta cuándo lo superará. Su matrimonio pende de un hilo.

Ahora veamos a Kimberly. Se vio atrapada en una relación inapropiada que evolucionó hasta llegar a convertirse en un escándalo. En vez de asumir la responsabilidad por lo que había hecho, culpó a su esposo por ello. Si le hubiera prestado más atención, no habría mirado a otra parte en busca de la gratificación que estaba convencida que necesitaba. En la actualidad, ella y su esposo están haciendo los trámites para el divorcio.

Ninguna de estas situaciones muestran la mentalidad de "lo que sea necesario" que ambos cónyuges deben compartir con el objetivo de reparar un matrimonio dañado. A lo largo de este libro hemos visto parejas que tenían y todavía tienen esa forma de pensar. Sus matrimonios no son perfectos y nunca lo serán, pero están saludables y florecientes, incluso después de la infidelidad.

Sacrificios para salvar un matrimonio

Cuando cuento a las personas las cosas que Chris y yo hemos hecho a través de los años para renovar nuestro matrimonio, muchos se sorprenden. Casi nunca salgo de la ciudad y dejo a Chris solo. A veces lo hago cuando los niños están con él, pero no paso mucho tiempo lejos de él. Pienso que el hecho de dejarlo solo durante algunos días podría representar un daño potencial para él y para nuestro matrimonio.

Como dije antes, justo después de la confesión de Chris, quitamos nuestra computadora para que la tentación y la oportunidad de abrir sitios pornográficos no fueran un obstáculo para su sanidad en nuestro hogar. Muchas personas no pueden creer que hayamos hecho esto porque no pueden imaginarse vivir sin una computadora. Pero tanto Chris como yo entendimos que la computadora no era un mero instrumento para la comunicación y la investigación; también facilitaba el acceso directo a la pornografía. Cuando nuestras mentes entendieron esa verdad, no vacilamos acerca de lo que teníamos que hacer.

Cuando volvimos a instalar la computadora, le pusimos una clave. Cada vez que Chris quería hacer algo en la computadora, yo tenía que poner la clave.

No teníamos televisión por cable en aquel momento, de modo que eso no representaba un problema para nosotros. Sin embargo, nos gustaba alquilar películas. ¿Sabe cuán difícil es encontrar una película que no tenga contenido sexual? De modo que casi siempre veíamos películas tontas o viejas, o no veíamos nada.

No siempre era grato para mí hacer esas cosas. Hubo momentos en los que realmente deseé que las cosas no fueran así. Pero hice el compromiso con mi esposo de hacer todo lo que fuera necesario para restaurar nuestro matrimonio y él hizo el mismo compromiso conmigo. Decidí hacer las cosas por él y por nosotros y no solo por mí. Estos fueron sacrificios que estuve dispuesta a hacer para lograr la sanidad de nuestro matrimonio. Deseaba desesperadamente tener un matrimonio que fuera mejor que nuevo. Estaba decidida a hacer mi parte.

Algunas personas han dicho que piensan que no es justo que haya tenido que hacer esas cosas debido a las acciones de Chris. ¡Por supuesto que no es justo! La vida no es justa. Mi pastor, Craig, afirma que sacrificio es dejar algo que uno ama en favor de algo que ama más. De modo que, aunque disfruto hacer cosas con mis hijos que me alejan temporalmente de Chris y a pesar de que disfruto ver algunas cosas en la televisión, esas cosas no significan tanto para mí como mi esposo y mi matrimonio.

Romanos 5:8 dice que "Dios demuestra su amor por nosotros en esto: en que cuando todavía éramos pecadores, Cristo murió por nosotros". Estoy feliz de que la vida no sea justa. Estoy feliz de que no siempre obtengo lo que merezco. Estoy feliz por la gracia y la misericordia que mi Padre celestial ha derramado sobre mí.

Alimente su espíritu

En Romanos 7, Pablo describe nuestra lucha a la hora de tomar buenas decisiones. En el versículo 15 afirma: "No entiendo lo que me pasa, pues no hago lo que quiero, sino lo que aborrezco".

¿No es cierto que así sucede?

Sé que usted lo ha experimentado. No creo que haya una persona honesta que pueda decir que ha sido verdaderamente capaz de tomar buenas decisiones y de negar a su carne cada momento de cada día. No nos podemos engañar: la carne es fuerte. Y eso es exactamente de lo que está hablando Pablo. Si tan solo necesitáramos tomar y mantener una decisión, probablemente lo haríamos. Nosotros los humanos tenemos suficiente fuerza de voluntad (la mayoría de las veces) para hacer algo que deseamos sinceramente. Pero entonces la carne viene y dice: "Oh, hoy puedes comerte ese pedazo de torta de chocolate. Un pedazo no te hará mal". Aquellos que tienen luchas con la comida saben que un pedazo se convertirá en más que eso. Entonces, ¿qué hacemos con esto? Como seguidores de Cristo, ¿cómo vencemos nuestra carne cuando toda ella está gritando para que sigamos haciendo lo que tanto nos gusta pero que está mal?

Alimentamos nuestros espíritus.

Cuando alimentamos nuestras almas con la verdad de Dios, nos edificamos. Queremos seguirlo. Queremos servirlo. Me he dado cuenta de que esto es muy cierto en mi vida. Cuando estoy pasando tiempo en la Palabra de Dios, meditando en su verdad, orando por las personas cercanas a mí y por aquellas que no conozco, y adorando a Dios cantando o tocando el piano, estoy alimentando mi espíritu. Mientras más me enfoco en el Espíritu, más acallo la carne.

Lo contrario también se cumple. Mientras más trato de negar mi carne e ignorar mis deseos, más me enfoco en negar mi carne y en extrañar las cosas que pienso que necesito. Entonces usualmente sucumbo a mis deseos carnales y caigo de cabeza en lo que sea que esté tratando de evitar en ese momento.

La Biblia dice en Lucas 9:23: "Dirigiéndose a todos, (Jesús) declaró: —Si alguien quiere ser mi discípulo, que se niegue a sí mismo, lleve su cruz cada día y me siga". Negarnos a nosotros mismos, a nuestra carne, es absolutamente bíblico y es lo que estamos llamados a hacer si estamos siguiendo a Cristo verdaderamente. Sin embargo, estoy sugiriendo que usted y yo debemos dejar de enfocarnos en negar nuestra carne y, en vez de esto, enfocarnos en alimentar nuestro espíritu. Como resultado, pienso que verdaderamente negaremos nuestra carne. Todo se trata del enfoque.

Negarnos a nosotros mismos y hacer lo que estamos llamados a hacer es a menudo extremadamente difícil, especialmente cuando estamos restaurando nuestros matrimonios. A veces el dolor es tan horrible y la herida tan profunda que no podemos siquiera imaginar llegar al otro lado, sin hablar de tener una vida maravillosa después de eso. Pero es posible.

Cuando uno de los cónyuges está solo

Tengo muchos amigos que han transitado el mismo camino mío y de Chris. En algunos casos, ambos cónyuges estaban dispuestos a entregar sus vidas y trabajar duro para resucitar el matrimonio. En otros no. El poder de Dios para restaurar es asombroso y también es muy brillante haciendo nuevos comienzos.

Mi buena amiga Kaci pasó por una experiencia traumática en su matrimonio hace muchos años. Supo que su esposo había tenido aventuras adúlteras durante prácticamente todo el tiempo de su matrimonio. Puede intentar imaginarse lo que ella sintió, pero es probable que no lo logre (a menos que haya pasado por eso). Esa clase de devastación es difícil de asimilar. Los años perdidos, los momentos desperdiciados y los sueños robados era todo lo que pasaba por su cabeza. Y sus hijos.

Intentaron hacer funcionar su matrimonio durante algún tiempo. Pero su esposo no peleó la batalla durante mucho tiempo y volvió a caer en un estilo de vida abiertamente adúltero que dejó a su familia de cabeza. Todo lo que Kaci había querido alguna vez era servir a Dios con su familia y amar a sus hijos. Eso no es mucho pedir, ¿cierto?

El esposo de Kaci ya había abandonado el matrimonio, de modo que uno podría pensar que una vez que Kaci había tomado la decisión de terminar el matrimonio, tendría paz y esperanza. Pero ese definitivamente no era el caso. De hecho, verla atravesar por aquellas circunstancias era desgarrador porque yo sabía lo que eso estaba provocando en ella y en sus hijos. Las consecuencias de las elecciones de su esposo fueron muy feas.

Pero, con el tiempo, se divorciaron y tuvieron que arreglar los horarios de sus hijos. Kaci se esforzó por ser una buena madre recién divorciada, manejando muchas responsabilidades. Mientras tanto, su esposo continuó con su estilo de vida, al parecer sin importarle nada más que él mismo. La gratificación de su carne era su único enfoque. No he visto una historia más fea.

Pero entonces Dios intervino.

Después de algún tiempo de escudriñar el alma y orar, Kaci y sus hijos se recuperaron. En ningún modo estaban libres del dolor, pero habían escogido mantener sus ojos fijos en su Salvador y permitirle que sanara sus corazones heridos. Y así lo hizo.

También les trajo a alguien más. Un nuevo esposo y papá. Los niños todavía pasaban tiempo con su padre, pero no parecían ser una prioridad en su vida. Así que tener una mamá que había invertido en sus días y en su futuro resultó ser una gran bendición. Kaci nunca pudo imaginar que eso sucedería en medio de su dolor y devastación.

Me comunico con Kaci de manera regular. Nuestros corazones siempre estarán entretejidos porque nos vimos en nuestros peores momentos. Ella fue testigo de lo que pasamos Chris y yo, y vio lo que yo soporté. Dos historias similares con finales muy diferentes. Los efectos de las elecciones del exesposo de Kaci todavía persisten, pero muchas cosas buenas están sucediendo. Le pedí a Kaci que compartiera lo que hay en su corazón acerca de dónde se encuentra ahora y a continuación encontramos lo que dijo.

"Dios nos ha bendecido, pero eso no significa que haya sido 'fácil' en ningún modo. La vida está llena de retos difíciles y mi ex a menudo continúa colocando a mis hijos en situaciones perjudiciales. Afortunadamente, Dios me ha ayudado a pasar cosas tan angustiosas y difíciles que sé que puedo confiarle a mis hijos. La verdad firme en que camino cada día es que si algo trágico pasa con mis hijos, Dios velará por nosotros aún en ese momento. Solía orar para que Dios evitara que pasaran esas cosas trágicas, pero muy en lo profundo de mi corazón sé que, a pesar de todo, Dios estará presente con ellos y conmigo y caminaremos siempre con Él.

Creo que esa es mi historia. A menudo nosotros los cristianos queremos que todo en la vida venga envuelto en un papel bonito con un lindo lazo, pero la vida es simplemente muy desordenada. Ciertamente amo mi vida y mi nuevo esposo. Me siento bendecida y tratada como una princesa, de modo que estoy experimentando aquello que mi corazón siempre anheló en una relación. Soy un ejemplo de alguien que ha enfrentado la prueba, los retos y la restauración. Mis hijos tienen una comunicación abierta conmigo y recorremos nuestro camino juntos. Sienten tanta compasión y empatía por otros que hay momentos en que agradezco a Dios por todo lo que hemos pasado. Pero también luchan con la "conducta asombrosa" de mi esposo porque es un recordatorio constante y doloroso de cuán lejos está su papá. En sentido general tenemos retos constantes que al mirarlos de cerca romperían mi corazón. ¡De modo que escojo el enfoque 'global' y confío que Dios se ocupará de los detalles!"

El exesposo de Kaci no estaba dispuesto a hacer lo que se necesitaba. Al principio asumió la responsabilidad por sus actos e incluso dio algunos pasos, pero al final eligió complacerse a sí mismo. Decidió abandonar a su familia y persistir en su nuevo estilo de vida y el efecto dominó ha continuado durante años. Pero el hecho de que eso haya sucedido no significa que Dios no estuviera allí. Usted leyó lo que escribió Kaci. Dios estaba y está con ellos y ha cambiado su corazón y el corazón de sus hijos.

Un consejo de corazón

Independientemente de dónde se encuentre en la vida, allí lo encontrará Dios. Me encantaría poder decirle que Él quitará todo dolor de su camino. De hecho puede hacerlo, pero si usted ha pasado por algún dolor en su vida, sabe que no siempre lo hace. Casi nunca las circunstancias horribles adornan con gracia nuestra senda. No, llegan de repente, girando en nuestros horizontes como un tornado.

Pero por favor, no subestime el poder de nuestro Dios y del

Espíritu obrando a través de personas dispuestas para restaurar incluso las peores circunstancias. Es totalmente capaz y está totalmente dispuesto. Totalmente. La pregunta del millón de dólares es, ¿lo está usted?

Doy muchos consejos, casi siempre porque los piden. Eso me resulta gracioso porque no hay muchas esferas en las que sea experta. Usted no verá Cindy Beall, PhD; Cindy Beall, Directora Ejecutiva; o Cindy Beall, EdD. Las únicas abreviaturas que verá al lado de mi nombre es Sra. Y creo que son las convenientes porque es precisamente nuestra historia matrimonial lo que ha llevado a las personas a hacerme tantas preguntas.

De modo que tome este consejo: Decida hacer todo lo que esté en sus manos para hacer que su matrimonio funcione, o déjelo ir.

Su viaje hacia la sanidad

1. ¿Alguna vez se ha entrenado para alcanzar una meta? Comparta o escriba sus experiencias y cómo lo hizo sentir la disciplina del entrenamiento.

2. Incluso si usted no ha sido el que ha cometido la traición en su matrimonio, ¿cree que tiene que hacer sacrificios para enmendar la situación? ¿Qué se requiere de cada cónyuge?

3. Cindy menciona el hecho de alimentar su espíritu. ¿Cuáles son algunas formas en las que puede alimentar su espíritu y, como resultado, ver morir de hambre a su carne?

4. Si está enfrentando luchas en su matrimonio, ¿está dispuesto a hacer lo que sea necesario para enmendar su matrimonio? ¿Por qué o por qué no?

Una historia de sanidad en sus propias palabras

JIM Y BETH

LA PRIMERA VEZ QUE VI A BETH, LA INSULTÉ. Y Beth, a su peculiar manera "Beth", simplemente rió y rió mientras yo continuaba haciendo el papel de tonta. Claramente en aquel momento no me daba cuenta de que estaba diciendo algo despectivo acerca de su iglesia, pero lo estaba haciendo. No podía imaginar que muchos meses después, la necesitaría más que nunca porque estos Jim y Beth son *nuestros* Jim y Beth: la pareja que nos acompañó en nuestro viaje a lo largo del perturbador camino de la infidelidad.

Ellos caminaron su propio camino de infidelidad y, con el tiempo, alcanzaron la victoria, cuando Chris y yo todavía éramos niños. Jim y Beth le dirán que fue necesario un esfuerzo supremo para estar donde están hoy, pero se sienten muy agradecidos por haber soportado el dolor para estar donde están hoy. Y eso sucedió hace más de 30 años.

A continuación les ofrecemos una espléndida oportunidad para que escuchen sus corazones hablando sobre todo lo que pasaron.

⤙

CINDY: Beth, ¿cuál fue tu respuesta inicial cuando supiste acerca de la infidelidad de Jim?

BETH: Tenía nueve meses de embarazo de nuestra hija. Me lo dijo por teléfono y me dijo que tenía libertad para solicitar el divorcio si eso era lo que quería. Recorrí toda clase de emociones más rápido de lo que alguna vez hubiera soñado.

CINDY: Jim, ¿alguna vez pensaste que harías "algo así" como cometer adulterio?

JIM: Mientras crecía me habían enseñado que si una persona cometía adulterio, nunca podría volver a casarse o perdería la salvación. Eso me motivó a nunca querer cruzar esa línea. Nunca lo consideré seriamente hasta unas pocas horas antes de cometer adulterio. Comencé a racionalizar mi situación y decidí arriesgar mi destino eterno.

CINDY: Beth, ¿qué hizo posible que te quedaras?

BETH: Llamé a Jim cuando nuestra hija, Emily, tenía diez días de nacida y le pedí que viniera y me llevara a casa. ¡Y lo hizo! Casi inmediatamente después de la confesión de Jim, empecé a pedirle a Dios que me mostrara si yo tenía alguna culpa en todo esto. En medio del dolor y de los retos de las circunstancias, comencé a ver que yo misma tenía defectos y que necesitaba enfocarme en mis propios asuntos, no en los de Jim. Era un tiempo para ser humilde y me rendí a lo que fuera que iba a hacer Dios en nuestro matrimonio.

CINDY: Jim, ¿cómo has lidiado con el dolor que has visto en los ojos de Beth a lo largo de los años?

JIM: A la mayoría esto le sonaría increíble, pero después del primer año de mi infidelidad, no recuerdo haber visto dolor en sus ojos. Eso sucedió hace más de 30 años. Nunca ha sacado a relucir mi infidelidad en ninguna conversación o conflicto. Nunca. Ahora compartimos abiertamente nuestra experiencia con otros y hablamos acerca de mis acciones, pero nunca las ha usado como una ventaja en ninguna discusión o una oportunidad para provocar vergüenza.

CINDY: Beth, ¿cómo has podido perdonar a Jim?

BETH: Perdonar fue un proceso en mi caso. Pero solo tuve que perdonarme a mí misma y a él, y confiar que Dios haría el resto. Eso es duro cuando se es alguien a quien le gusta tener el control.

CINDY: Jim, ¿alguna vez te has sentido avergonzado por lo que hiciste? ¿Qué significa para ti vivir en quebranto?

JIM: Estoy muy triste por lo que hice. Sin embargo, cambié la tristeza ante mis acciones por la determinación de ser el líder siervo que mi esposa merecía. Su ejemplo de perdón fue un recordatorio real de la gracia de Dios y de su perdón. Abracé la historia de la vida de David y vi que su pecado de adulterio no lo había separado de un Dios amoroso, ¡Dios incluso lo llama un hombre conforme a su corazón! El perdón que Dios le extendió a David y el perdón que mi esposa me extendió a mí han hecho posible que yo viva sin sentir vergüenza y con una gratitud increíble por la gracia que me ha sido dada.

No merezco la gracia y el perdón que recibí. Sé que todavía soy capaz de cometer el pecado de adulterio. Me apego a mi quebranto y me esfuerzo por vivir en humildad y con una disposición de servir y perdonar a otros.

CINDY: ¿Y qué hay de la confianza?

BETH: Decidí confiar en Dios primero y poner a Jim en manos de Dios. Todavía hago eso hasta hoy.

JIM: Trato de hacer todo lo que puedo para hacerle saber que tiene acceso total a cada parte de mi vida. Mi teléfono celular, mi laptop, mi billetera, mi correo, mis planes diarios, mis relaciones en el trabajo y cualquier cosa que considere personal está disponible para que ella haga preguntas al respecto o pida ver. Sabía que necesitaría ir más allá de cualquier cosa que se considerara razonable para reconstruir la confianza. Todas las cosas que puse en su lugar para asegurarle que era digna de confianza todavía están hoy en su lugar, 30 años después.

CINDY: ¿Cómo es tu matrimonio hoy?

BETH: Nuestro matrimonio hoy es bueno, mejor que nunca. Cada día es un nuevo día con la conciencia de que tengo un don muy especial en un hombre que tiene una sabiduría increíble y un carácter piadoso. Acabamos de celebrar nuestro aniversario treinta y ocho y estoy agradecida por los retos que hemos experimentado a lo largo del camino porque ellos nos ayudaron a formarnos y a deshacernos de nosotros mismos para que pudiéramos ayudar a otros. Dios nos ha redimido, restaurado y otorgado el poder para ofrecer a las siguientes generaciones un ejemplo de compromiso rendido.

JIM: Tenemos cincuenta años y mi corazón todavía salta un poquito cuando la veo. Creo que estamos experimentando lo que la Biblia llama ser uno. Es difícil describir con palabras la unidad que tenemos, así como es difícil describir nuestra unidad con Cristo. Pero la tenemos y es increíble. No fue sin pruebas y retos y dolor y lágrimas y quebrantamiento y restauración, pero todo valió la pena. Somos *uno*. Beth es mi mejor amiga nuestra relación es cada día mejor.

∽

¿Se da cuenta ahora por qué Dios escogió a Jim y a Beth para que nos acompañaran en los momentos más oscuros de nuestra vida? Son absolutamente increíbles y reales. Ni siquiera puedo encontrar las palabras para expresar mi gratitud por su aporte, consejos, sabiduría, amor, apoyo y generosidad todos estos años. Incluso hoy, su influencia está presente en nuestras vidas. De hecho, es probable que les haya dado las gracias cientos de veces a lo largo de los años y todavía no creo que sea suficiente. De modo que Jim y Beth, gracias. Desde lo más profundo de mi corazón, gracias.

11

¿Debo quedarme o debo irme?

ME ENCANTARÍA PODER DAR una respuesta absoluta cuando las personas me preguntan si deben permanecer en sus matrimonios quebrantados. Un simple sí o no haría su decisión mucho más fácil, pero así no son las cosas. Usted es la persona que tendrá que vivir con su elección. Y al final de la jornada, es probable que yo duerma muy bien con la cabeza sobre mi almohada sin pensar mucho en su decisión porque su decisión es entre usted y Dios.

Recuerdo esta etapa de mi vida. Esta pregunta comenzó a asediarme casi al instante después de la confesión de Chris. Luego de muy poco tiempo, me veía a mí misma como una madre soltera que regresaría a trabajar mientras planificaba cómo compartir la paternidad con mi esposo infiel. No solo eso, sino que suponía que necesitaría ayuda financiera de mi familia para hacerlo, lo que sería más humillante de lo que alguna vez pude imaginar.

No sé por qué sentía que debía decidir el futuro de mi matrimonio dentro de las pocas horas siguientes a la revelación aterradora de que estaba muerto. Tal vez no quería perder más tiempo del que ya había perdido. Tal vez no quería hacer el papel de tonta ni un día más. Tal vez

quería tener algún sentido de control del viaje que tenía delante. En mi mente, nuestros nueve años de matrimonio eran tan solo una farsa. Una cortina de humo. Nada real. Nada significativo. ¿En realidad deseaba permanecer con alguien que en verdad no me quería? ¿Acaso no merecía a alguien que me quisiera?

Unos días luego de la confesión de Chris, dos de nuestros pastores, Jerry y Kevin, vinieron para hablar con nosotros. Recuerdo vagamente que hablé sobre lo que había sucedido y sobre el futuro y sobre cómo me sentía y lo que iba a hacer. Ambos escucharon y estoy segura de que podían darse cuenta del pánico en mi voz. Recuerdo que les dije que no estaba segura acerca de lo que debía hacer. Muy gentil Kevin respondió: "No tienes que decidir eso hoy".

Y tenía toda la razón.

De hecho, su sencilla oración de seis palabras fue el mejor consejo que recibí durante aquella época. De inmediato me produjo paz y consuelo. Con el objetivo de escuchar lo que Dios tenía que decir acerca de mi futuro, necesitaba liberarme de los pensamientos que estaban comenzando a abrumarme. La carga de mi futuro había sido quitada de mi espalda. La verdad era que no tenía que descifrarlo ese día, ni la semana siguiente ni el mes siguiente. No había ninguna sabiduría en el hecho de decidir el resto de mi vida a los pocos días de recibir la noticia más grande y devastadora que alguna vez había recibido. Simplemente no era inteligente. De modo que esperé.

Gracias, Kevin.

Cómo puede obtener sabiduría

Yo era una estudiante promedio en todas mis materias, excepto en español. Salía muy bien y en mi interior me sentía bastante orgullosa de poder hablar español. Después de todo, vivíamos en el centro de Texas y nuestro vecino al sur era México. Así que mientras otros escogían alemán o francés o incluso latín (¿Latín? ¿De veras?), me doy cuenta de que mostré un atisbo de inteligencia a la hora de elegir mi materia de lengua extranjera. Pero aquellos momentos de confianza en mis elecciones y habilidades eran raros.

Cuando fui a estudiar a la universidad en Texas State University en San Marcos (la antes Southwest Texas State University), seguí las orientaciones de mis padres. Recibí mi diploma de licenciada en Educación Elemental una tarde de diciembre de 1993. Fue uno de los mejores días de mi vida.

Pero a pesar de aquel logro, siempre sentía como si alguien en mi familia fuera más inteligente que yo. Mis dos hermanos son increíblemente inteligentes y yo me preguntaba por qué el estudio se les hacía tan fácil a ellos y a mí no.

Luego vino mi esposo. El hombre es tan inteligente que hace que cualquiera se asombre. Y no solo en el sentido de los libros, sino en aquello de: "Puede que ahora no conozca la respuesta correcta, pero deme unas cuantas horas para investigar acerca del tema y le daré una respuesta estelar". Para empeorar las cosas, cuando aprende algo, es capaz de retenerlo. ¿Por qué, Señor? El hombre con el que me casé es prácticamente un genio.

Sabiendo eso, puede entender mis sentimientos de inseguridad al principio de nuestro matrimonio. La única ventaja que tenía sobre él era que podía recordar mis lecciones de español y decirle cosas rudas o condescendientes cuando estaba frustrada, sin que él lo supiera, con una sonrisa en mi rostro. (¿Qué? ¿Usted no lo haría?)

Entonces un día, tropecé con un versículo en el libro de Santiago que me golpeó con el peso de una tonelada de libros de texto. Había leído Santiago muchas veces, pero aquel día apenas leía el primer capítulo hasta que el quinto versículo saltó de la página: "Si a alguno de ustedes le falta sabiduría, pídasela a Dios, y él se la dará, pues Dios da a todos generosamente sin menospreciar a nadie".

¡Eso era! Mi pasaje a la inteligencia vendría de manos de mi Padre celestial y de su Palabra. Ya no tendría que preocuparme acerca de mi habilidad (o falta de) para conocer algo. Fue como si en aquel instante se encendiera un bombillo para iluminar mi mente en penumbras. Casi al instante comencé a hacer una oración muy simple que repito hasta el día de hoy: "Dios, por favor, dame sabiduría más allá de mis años".

Nuestro mundo a menudo aplaude el conocimiento y la

inteligencia. Las becas y los premios son para las mentes más brillantes e inteligentes. Y eso no es malo, pero aquellos que luchan para entender las fórmulas algebraicas nunca tendrán ese trofeo para adornar las repisas de su sala.

Pero con Dios, la habilidad de ganar entendimiento y comprensión está al alcance de sus manos. De hecho, está más al alcance de su lengua. Una sencilla oración puede abrir un mundo de oportunidades. Esto lo sé muy bien.

¿Soy una erudita de la Biblia? Por supuesto que no. No he recibido capacitación en ningún seminario. La única cosa que se asemeja remotamente a esto es haber pasado tiempo con asombrosos maestros de la Biblia como Kay Arthur y Beth Moore a lo largo de los años, a medida que me han enseñado la Palabra de Dios. (Bueno, esto no quiere decir que estuviéramos hablando sobre la Biblia mientras tomábamos café. Tal vez algún día...)

Pacto primer nivel

Antes de darle mi opinión personal basada en la Palabra de Dios, establezcamos algunas afinidades. Ya sea que alguien esté luchando con el tema de si irse o quedarse, aquellos que nos hemos visto lidiando con la infidelidad debemos darnos cuenta de que el pacto de nuestros votos matrimoniales se ha quebrantado. Por alguna razón, Dios en su soberanía dijo que el acto de infidelidad rompería ese pacto.

> Se ha dicho: "El que repudia a su esposa debe darle un certificado de divorcio." Pero yo les digo que, excepto en caso de infidelidad conyugal, todo el que se divorcia de su esposa, la induce a cometer adulterio, y el que se casa con la divorciada comete adulterio también. (Mateo 5:31-32).

Las personas son tan diferentes como el día de la noche. Tenemos diferentes sueños, ideas, pensamientos, creencias, moral... entre otros. Pero aquellos de nosotros que nos llamamos seguidores de Cristo debemos tener el mismo estándar: la Biblia. La Palabra inspirada de Dios.

Puede llamarme simple o elemental, pero cuando leo estos dos versículos en Mateo, leo que Dios permite el divorcio cuando existe infidelidad matrimonial. A través de los años, he escuchado a muchas personas bien intencionadas que no tienen la más mínima idea de lo que es soportar la infidelidad decir que, incluso en ese caso, Dios odia el divorcio y no lo permite... nunca.

¿Perdón? ¿De veras?

Entonces, ¿por qué rayos está la excepción para el adulterio que se menciona en Mateo 5? ¿El Creador del universo cometió un error? ¿Acaso Mateo no escuchó bien a Dios? No. Dios no cometió un error y Mateo escuchó bien. Creo con todo mi corazón que Dios conoce la seriedad de la infidelidad en una relación matrimonial. Nos manda a guardarnos para nuestro cónyuge y no caer en inmoralidad sexual.

De ninguna manera estoy sugiriendo que una persona simplemente debe tirar la toalla cuando su cónyuge le ha sido infiel. Esa claramente no es mi historia. Estoy cien por ciento a favor de luchar para salvar su matrimonio cuando la lucha es de *ambos*. Es duro restaurar un matrimonio cuando ambos están dispuestos a luchar. Es prácticamente aterrador cuando solo una persona está comprometida. Al menos eso es lo que yo he visto.

Luego de haber hablado sobre ese versículo, debo comentarlo un poco. A continuación expongo una información que encontré en mi *Biblia de Aplicación para la Vida NVI*.

> Jesús dijo que el divorcio no está permitido excepto por la infidelidad. Esto no significa que el divorcio debe ocurrir de forma automática cuando uno de los cónyuges comete adulterio. La palabra que se traduce como "infidelidad" implica un estilo de vida sexual inmoral, no un acto confesado de adulterio del cual existe un arrepentimiento. Aquellos que descubren que su compañero ha sido infiel primero deben hacer un esfuerzo para perdonar, reconciliarse y restaurar su relación. Siempre debemos buscar

razones para restaurar la relación matrimonial en vez de excusas para abandonarla.[4]

¿Vio esa parte? La infidelidad no significa un acto de adulterio seguido de arrepentimiento. Claramente esa es la opinión de alguien, pero creo que tiene razón.

He conocido a muchas parejas que han tenido que transitar este camino. Algunos de los matrimonios terminaron. Algunos han sido restaurados y ahora están florecientes.

Otros están estancados y no tienen ningún progreso.

Vea a mi amiga Erin, por ejemplo. Su esposo, Andy, comenzó una relación enfermiza con una compañera de trabajo hace varios años. Erin lo supo y se sintió muy afectada. Andy respondió haciendo un giro de 180 grados. Dejó su trabajo y comenzó a hacer cambios de inmediato. Asumió la responsabilidad por su pecado y no buscó excusas para lo que había hecho. Después de muchas lágrimas y preguntas y también algo de consejería, ahora están más fuertes que nunca. Y verdaderamente arrepentidos. Erin perdonó verdaderamente.

No todas las situaciones terminan tan bien. Mi amiga Susan soportó la misma situación con su esposo Kevin. Estaban sirviendo juntos al Señor y fueron bendecidos con hijos hermosos. Un día Kevin confesó su pecado y lo descargó en Susan. La devastación lo abrumó. Al principio parecía estar arrepentido y dispuesto a hacer que su matrimonio funcionara. Pero a medida que los meses pasaron, la verdad salió a la luz: no quería dejar atrás su segunda vida. Kevin no estaba arrepentido y continuó en su pecado. Susan solicitó el divorcio.

He escuchado a personas decir que tienen miedo de que los castiguen por el resto de sus vidas si se divorcian. Oh, ¿en serio? Ese no es el Dios que yo conozco y amo. El Dios que adoro y a quien me he comprometido a servir hasta mi último aliento es un Dios perdonador y amoroso que quiere lo mejor para sus hijos. Perdona todos los pecados. Ama a todas las personas. Incluso perdona el divorcio. Incluso ama a los divorciados. Incluso cuando el divorcio no debió haber sucedido.

¿Se presentarán dificultades debido al divorcio? Sí. Esas son las llamadas *consecuencias*. Y estas vienen con todos los pecados que cometemos. Pero no se equivoque: Dios es más grande que cualquier pecado y cualquier consecuencia y puede transformar en bendición aún las circunstancias más terribles. Eso es lo que hace. Así es Él.

Tanto Erin como Susan viven vidas muy bendecidas actualmente. Erin siguió con su esposo y ahora su matrimonio está floreciente. Mejor que nunca. Susan escogió salir de su matrimonio (después de hacer todo lo que pudo, me consta) y luego de algunos años se casó con un hombre que la quiere verdaderamente a ella y a sus hijos. Erin y Susan todavía están lidiando con las consecuencias de los pecados de sus esposos en maneras diferentes. Así es el pecado. Pero ambas están caminando en la bendición de confiar a Dios sus vidas.

En este mundo desechamos las cosas con mucha facilidad, incluyendo el matrimonio. Muchos en realidad no toman en serio los votos matrimoniales. En el momento en que surge alguna situación terrible en la relación con nuestro cónyuge, nos sentimos tentados a abandonar. Saltar del barco. Cortar por lo sano. No todos, pero hay muchos que lo hacen.

Creo que debemos hacer todo lo que sea posible para restaurar un matrimonio quebrantado o muerto. Muchos dirán que es una hazaña imposible. Y en algunos casos, debe serlo.

Cuando hablo acerca de lo que ha sucedido en mi matrimonio, casi siempre la respuesta es: "No sé si podría perdonar algo como eso". Eso es comprensible. Es horrible. La sobrecogedora tarea de perdonar lo está mirando directamente a los ojos. Eso por no mencionar el tremendo esfuerzo mental que tiene que ejercer para soportar el dolor que producen las imágenes que bombardean su mente. Lo sé. Oh, claro que lo sé.

Ahora bien, corríjame si estoy equivocada, pero hasta donde yo sé, nuestro Dios es mayor que cualquier fuerza que pretenda contaminar nuestras mentes. No olvidemos a aquel que decimos servir. "Para los hombres es imposible, mas para Dios todo es posible." (Mateo 19:26).

Lo que sí sé

Desde el comienzo de la historia de Chris y mía, hemos gritado a voz en cuello: "Se necesitan dos personas dispuestas a hacer lo que sea necesario para lograr que un matrimonio funcione". Y nueve años después, todavía estamos parados en la misma tribuna.

Si alguna vez se encuentra en una situación en la que no está seguro de si abandonar o continuar en su matrimonio, ore para que Dios le diga qué hacer. Él lo hará. No sé cuál será la respuesta, pero sí sé que Dios responde. Busque consejos de personas temerosas de Dios que conozca, ore y sepa que, en última instancia, tendrá que vivir con la decisión que tome.

También sé que mi Dios es, sin lugar a dudas, el creador del universo. Definitivamente es más sabio y más amoroso de lo que pudiéramos soñar. Su poder llega a las galaxias, las estrellas son creación de su mano y la tierra es su estrado. Nada es demasiado difícil para Él.

Pero también es un caballero. No nos fuerza a seguirlo o a amarlo. Y habrá algunos hombres y mujeres que escogen vivir en dureza de corazón. Muchos de ustedes han experimentado eso de primera mano y, por eso, su matrimonio terminó. Pero todavía se siente bendecido, ¿cierto? Porque esa es la forma en que Dios actúa.

Su viaje hacia la sanidad

1. Basado en Mateo 5:31-32, ¿cree que el divorcio está permitido en alguna circunstancia? ¿Por qué o por qué no?

2. ¿Por qué tantas personas acuden tan rápido al divorcio como una opción para un matrimonio con problemas?

3. Si está tomando una decisión, ¿cómo le va en el camino de buscar sabiduría y ayuda para prepararse para dicha decisión?

4. ¿De qué manera el considerar la importancia de un pacto moldea la forma en que ve al matrimonio? ¿Y a Dios? ¿Y a su propia relación con Cristo?

5. Escuchará muchas opiniones de muchas personas, pero tiene que confiar en Dios y en su corazón, así como debe hacerlo su esposo. ¿Cómo se sienten realmente? ¿Adónde se sienten guiados? Estas cosas pueden estar en conflicto, así que preste atención a la dirección de Dios.

12

Proteja su corazón, proteja su matrimonio

CRECÍ SIENDO LA HIJA DE dos maestros de escuela, lo cual quiere decir que no provengo de una familia acomodada. Cuando mi madre y yo comprábamos ropa, por lo general nos dirigíamos directamente a ver los artículos en liquidación para comprar cosas más baratas. No había forma de comprar al precio normal en la familia Moehring. Eso era un hecho. Casi todas nuestras vacaciones familiares consistían en ir a acampar. La mayoría de los recuerdos sobre mis vacaciones incluyen una camioneta y un lago. (Si usted va a acampar en Texas en el verano, debe haber un lago). Por fin a los 11 años puse mis piernas temblorosas y flacas en un esquí acuático. El esquí acuático se convirtió en una actividad favorita para mis hermanos y para mí. En verano, mis hermanos dormían hasta tarde a menos que fuéramos a esquiar. No hay nada más satisfactorio para un esquiador acuático que atravesar todo un lago que es suave como el cristal. Las mañanas frescas y nítidas nos daban esa oportunidad.

Uno no esquía durante mucho tiempo. Estar en un esquí por tres o cuatro minutos puede agotar la energía. Si usted ha practicado esquí acuático sabe lo agotador que es. Por eso después que todos esquiábamos una vez, nos quitábamos nuestros chalecos salvavidas, nos íbamos a flotar en el centro del lago y descansábamos antes de otro viaje por el lago. Un día ocurrió una cosa inesperada mientras nos relajábamos. Después de flotar por un rato, miramos a nuestro alrededor y nos dimos cuenta de que ya no estábamos en el centro del lago. Ninguno de nosotros se había dado cuenta de lo que estaba sucediendo. No lo sentimos. Como nuestro barco no estaba anclado nos fuimos a la deriva poco a poco.

Cimientos que se mantienen firmes

Para permanecer estables y fuertes y evitar estar a la deriva en nuestra vida espiritual, tenemos que anclar nuestras vidas a algo que no cambia. Tenemos que seguir firmes cuando vienen los vientos del cambio y el compromiso. (Y créame, vendrán.) Para cambiar nuestra analogía del agua a la tierra, necesitamos una base firme. El deseo de mi corazón es permanecer en lo que yo sé que es verdad cuando todas las cosas que me rodean están compitiendo por mi atención y devoción. En mis 40 años de vida he aprendido que mis cimientos no van a ser fuertes a menos que dedique bastante tiempo a estudiar la Biblia, a orar y a adorar.

En los últimos años, la rutina diaria de estudiar la Biblia, de llevar un diario y de orar se ha vuelto cada vez más difícil para mí. Mientras escribo este libro, trabajo a tiempo parcial como contadora, atiendo mi casa, soy esposa de un pastor y madre de mis hijos tan ocupados. Por eso, no tengo mucho tiempo para sentarme y sumergir mi mente en la Palabra de Dios de la manera en que lo hacía antes, cuando mi vida era más simple. De ahí que tenga que hacer un esfuerzo para pasar un rato aquí y allá. Me he convertido en una ladrona que roba momentos a su estilo de vida agitado para poder fortalecer sus cimientos. Trato de memorizar un versículo acorde a donde estoy en mi viaje de la vida. Toco la música que me mantiene enfocada en Cristo.

También trato de limitar las cosas del mundo que están entrando en mi mente. Hago todo lo posible por hacer caso omiso de los últimos rumores de Brad y Angelina mientras estoy esperando en la cola del supermercado. Usted puede pensar que es trivial, pero lamento no estar de acuerdo. Si Satanás consigue una pulgada, tratará de tomar una milla. Tenemos que estar alertas en contra de las fuerzas que debilitan nuestros cimientos. Oro y me preparo para la guerra. No es una guerra física, sino una guerra en la mente.

> Por último, fortalézcanse con el gran poder del Señor. Pónganse toda la armadura de Dios para que puedan hacer frente a las artimañas del diablo. Porque nuestra lucha no es contra seres humanos, sino contra poderes, contra autoridades, contra potestades que dominan este mundo de tinieblas, contra fuerzas espirituales malignas en las regiones celestiales. Por lo tanto, pónganse toda la armadura de Dios, para que cuando llegue el día malo puedan resistir hasta el fin con firmeza. Manténganse firmes, ceñidos con el cinturón de la verdad, protegidos por la coraza de justicia, y calzados con la disposición de proclamar el evangelio de la paz. Además de todo esto, tomen el escudo de la fe, con el cual pueden apagar todas las flechas encendidas del maligno. Tomen el casco de la salvación y la espada del Espíritu, que es la palabra de Dios. Oren en el Espíritu en todo momento, con peticiones y ruegos. (Efesios 6:10-18).

Me imagino que Pablo escribió esta carta a la iglesia de Éfeso porque estaban dejando de velar. Lo más probable es que los efesios estuvieran al igual que usted y yo, yendo cada uno por su camino, cuando de pronto se vieron en una circunstancia que los destruyó. Este tipo de cosas también nos pasan a nosotros. Creo que todos podemos decir: "Sí, hemos pasado por eso, lo hemos hecho, no queremos volver".

Conciencia de las debilidades

La mayoría de las veces, nuestros desafíos vienen poco a poco. En realidad, es la seducción en su máxima expresión. Nunca me ha pasado que un hombre camine hacia mí y me pida que vaya a un hotel con él para tener relaciones sexuales. Si eso sucediera alguna vez, probablemente me reiría y diría: "Buen intento, Satanás" y me iría. No me habría interesado en lo más mínimo. Ese no es mi estilo. Supongo que hay encuentros que podrían ocurrir de esa manera, pero he aprendido que las tácticas de nuestro enemigo espiritual son mucho más sutiles que eso. Cuando Chris y yo estábamos en otra iglesia, había un hombre que me halagaba prácticamente cada vez que me veía. Me decía que cantaba muy bien o que era muy guapa o que era una persona maravillosa. Mientras eso sucedía, la distancia entre Chris y yo se iba ampliando. Yo no sabía lo que estaba sucediendo en su vida. Lo único que sabía era que el Gran Cañón se estaba formando entre nosotros. Mi necesidad por sentir la admiración, el amor, el apoyo y la devoción de Chris estaba al máximo. Él no estaba llenando esas necesidades, por lo que permití que este hombre lo hiciera con sus amables palabras.

Nunca ocurrió nada. Nunca hubo llamadas telefónicas, correos electrónicos u otras comunicaciones secretas entre él y yo. Solo era cuando lo veía en eventos de la iglesia. Me avergüenza admitir que deseaba verlo. Me aseguraba de que llevara algo lindo o que mi cabello estuviera adornado de cierta manera. Ansiaba la atención de mi esposo y, como no me la daba, de buena gana recibía la de este hombre. Afortunadamente, nunca me invitó a compartir juntos íntimamente. (Si eso no es un ejemplo de: "que Dios me libre y guarde", no sé qué lo es). Pedro nos da una descripción reveladora de lo que Satanás hace diariamente. Está ahí fuera, a la espera de encontrar a alguien que no esté prestando mucha atención. Cuando ve una grieta, entra: "Practiquen el dominio propio y manténganse alerta. Su enemigo el diablo ronda como león rugiente, buscando a quién devorar. " (1 Pedro 5:8). Satanás hubiera querido más que nada que yo hubiera cedido a los elogios de aquel hombre que no era mi esposo. De hecho, mientras más lo pienso, más me doy cuenta de que fácilmente hubiera ido por ese camino sin notar lo que estaba sucediendo. Pero presté atención. Sabía que aunque mi marido estaba físicamente presente en mi vida, había estado emocionalmente ausente por un largo período de tiempo. Muchos dirían que es comprensible que hubiera encontrado una fuente falsa para satisfacer mis necesidades. Pero esa no es la norma que tengo para mí misma. Creo firmemente que aun cuando los demás pecan contra nosotros, no podemos nosotros pecar también. Cuando nos vengamos o tratamos de que los demás "reciban lo que merecen" estamos, en primer lugar, rompiendo el corazón de Dios y pecando contra Él.

Durante ese tiempo le dije a Ana María, mi amiga de confianza, lo que estaba sucediendo. Estaba preocupada por mi matrimonio y por mí y unimos fuerzas para orar. Me pedía cuentas. Esa fue la clave. Me desafió a cumplir el pacto que hice y me animó en la verdad de la Palabra de Dios. Con el tiempo, comencé a llenar mi mente con las cosas de Dios y esto permitió que Dios se convirtiera en el esposo que emocionalmente necesitaba.

No pude evitar por completo al hombre, pero me las arreglé para tener muy pocos contactos con él. Cuando nos veíamos y me decía algo agradable, literalmente, me sentía mal. Los elogios se volvieron poco atractivos para mí, y ya no deseaba escucharlos, ni me esforzaba por verlo. Es interesante resaltar que este hombre no era sumamente atractivo ni nada por el estilo. Ni siquiera estaba muy atraída por él. No obstante, me atraía lo que me decía. Fue una batalla muy dura. Prestar atención al ataque espiritual que estaba a mi alrededor a veces consumía toda mi energía. A veces sólo quería sentarme y no hacer nada. Pero tenía que tomar el camino porque, incluso en medio de todo, me daba cuenta de lo que estaba en juego. Así que tomé la decisión de alimentar mi espíritu, que a su vez provocó que mi carne muriera de hambre.

Sólo puede pedir sanidad a Dios, acercarse a su cónyuge y rendir cuentas a sus amigos cuando usted está consciente de sus debilidades, de sus anhelos y de sus necesidades no satisfechas. Alimentando su espíritu y conociéndose a sí mismo, puede superar las tentaciones que pueden y que vendrán a su vida. Tómese el tiempo para examinar su corazón. Es increíble, ansiamos que nuestra pareja nos conozca íntimamente y de verdad y, sin embargo, muchos de nosotros no nos hemos esforzado por descubrir nuestro verdadero yo y sus necesidades. No es de extrañar que le echemos la culpa a la otra persona cuando algo sale mal. Pero al final, no es una vida abundante. Conózcase a sí mismo, podría descubrir muchas otras maravillas y sueños en su corazón.

¿Divirtiéndose o jugando con fuego?

Hace años, mi esposo y yo teníamos un amigo muy cercano. No sólo era amigo de Chris, también era realmente mi amigo. Lo conocimos juntos. Con el tiempo, empezó a visitarnos muy a menudo, un fin de semana sí y otro no. Verdaderamente disfrutábamos de su compañía, casi pasó a ser parte de nuestra familia. Era como un hermano para Chris y para mí. Nuestro amigo era un ave nocturna y, en ese momento, yo también lo era. A menudo, Chris se iba a la cama temprano, y este amigo y yo nos quedábamos en la noche hablando. Hablábamos principalmente de Jesús, del ministerio y de su futura esposa. No coqueteábamos ni pasaba nada inapropiado. En ese momento, no lo pensé dos veces. ¿Pero ahora? Ahora me doy cuenta de lo tonta que fui y de lo fácil que hubiera sido entrar en una relación porque estábamos "compartiendo nuestros corazones". ¡Qué tonta fui!

En estos momentos usted puede estar haciendo exactamente lo mismo. De hecho, una vez una mujer comentó en mi blog que ella y su esposo compartían un mejor amigo. Era un hombre, y ambos compartían con él. Ella llegó a decir que nada iba a suceder y que su marido confiaba plenamente en ella. "¡Peligro!" ¿En serio? Cuando usted está casado, pasar tiempo junto con alguien del sexo opuesto o con alguien del mismo sexo que pueda encontrarle atractivo, *nunca* es una buena idea. No, no lo es. Se puede racionalizar fácilmente, atenuar la preocupación con términos razonables y dejar fuera al sentido común con el pensamiento de que "Nada pasará". Pero como hemos visto en cada historia personal, la mayoría de las personas que tuvieron un romance nunca lo planearon. Crear esta "regla" no se trata de normas. Se trata de proteger su corazón y su matrimonio con el mismo amor y cuidado que brinda a todo lo que le importa y con la sabiduría y todas las precauciones necesarias que pueda. Quiero que sepa por qué soy tan apasionada con esto. Cuando miro hacia atrás en mi vida, me doy cuenta de que estuve a punto de caer en un romance en más de una ocasión.

Proteja lo que ama

Si usted es padre, sabe que el amor que siente por sus hijos es indescriptible. Es un amor que nunca ha experimentado. Este amor puede darle más dolor y más alegría de lo que imagina, con pocos minutos de diferencia. Es poderoso y a menudo lo consume todo. Estoy cien por ciento segura de que haría cualquier cosa para proteger a mis hijos. Si alguna fuerza intentara hacerles daño, tomaría cartas en el asunto. Literalmente, daría mi vida por las suyas. ¿Significa eso que soy suicida? No, significa que me importan, y si las circunstancias me llevaran a hacer el sacrificio máximo, lo haría.

También puedo decirle que si una persona estuviera amenazando la vida de mis hijos de cualquier manera, la sacaría del juego. ¿Significa eso que soy una asesina? No, sólo significa que voy a proteger a mis hijos. Probablemente no necesite utilizar la fuerza mortal, pero la capacidad va mucho más allá, dependiendo de los acontecimientos de la vida. Debemos estar en guardia y darnos cuenta que, dadas las condiciones adecuadas en la vida, somos capaces de cualquier cosa, para bien o para mal. Nuestras circunstancias pueden influir grandemente en nuestras acciones. Además, tenemos un enemigo muy real. Sea que lo admita o no, depende de usted. Independientemente de su opinión sobre la guerra espiritual, la Biblia es clara: la misión de Satanás es robarle, matarle, y destruirle. Tratará de lograrlo de cualquier manera. Él no está de su lado, aunque trate de convencerlo de que sí. Sus suaves susurros vienen de la mano con el engaño. Pueden sonar atractivos. Incluso puede parecer como si estuviera tratando de mejorar su vida. Confíe en mí, no lo está.

¿Por qué son importantes las pautas?

Cuando Chris y yo nos dimos cuenta de cómo nuestras circunstancias externas podían influir en nuestras decisiones, pensamientos y comportamientos, hicimos lo que muchas otras parejas que conocemos han hecho: establecimos pautas en nuestro matrimonio. Estas pautas protegen a nuestros matrimonios y a nuestra integridad como personas y como hijos de Dios. Por ejemplo, nos aseguramos de no estar solos con individuos del sexo opuesto. Este asunto es difícil de manejar en ciertos círculos. Si usted menciona que tiene esta pauta cuando las personas le van a visitar, puede que se pongan a la defensiva, como si se les acusara de tener motivos impuros, de ser el "tipo de persona que busca una relación". La gente podría pensar de forma automática, "¿Así que usted piensa que quiero comenzar una relación con usted ahora mismo?"

"¡Dios mío!"

No. Esa no es la forma en que funciona. La gente cruza la línea de forma gradual, y quiero estar segura de no ponerme en situaciones en las que algo como eso podría suceder en el futuro. Mi corazón es para el Sr. Chris Beall, y quiero asegurarme de que lo guarde para él y solo para él. Ningún otro hombre necesita siquiera un pedazo de él.

Regularmente mantengo correspondencia con hombres por correo electrónico. Y cuando lo hago, me aseguro de escribir sólo aquello con lo que mi esposo se sentiría cómodo si lo leyera. De hecho, muy a menudo menciono a mi esposo en los correos e incluso podría terminar con algo como "Chris y yo le apreciamos", o "Chris y yo oraremos por usted". Estos son recordatorios sutiles de que somos una pareja unida.

También doy a mi esposo acceso completo, a mi correo electrónico y a mis cuentas en las redes sociales. Hace poco mantuve correspondencia con un antiguo novio de la secundaria. Me envió un mensaje corto por Facebook, y le respondí. Sentí la necesidad de hacerlo porque el mensaje era una disculpa, y yo quería que él supiera que no guardaba resentimientos por el pasado. Me contó sobre un problema que tenía con uno de sus hijos y le aseguré que iba a orar por su hijo. Le mostré todo el mensaje a mi esposo y me aseguré de escribir cosas con las que mi esposo se sintiera cómodo al leerlas. Desde ese momento, no nos hemos escrito más.

No es que no debamos o que alguna vez no nos comuniquemos con alguien del sexo opuesto, pero tenemos que ser sabios cuando lo hacemos.

Atienda a su juego

Me encanta el fútbol universitario, especialmente cuando los Longhorns de Texas están jugando. (Aplausos). Como nací y me crié en Texas y crecí exactamente al norte de Austin, me encanta el color naranja quemado. Y si sabe algo sobre las rivalidades del fútbol universitario, entenderá cuando le digo que, entre agosto y diciembre de cada año, vivo en un territorio hostil. Vivo en Oklahoma. Ya sabe, donde el viento viene arrasando por la llanura. Y la casa de los Sooners se encuentra a sólo 45 minutos al sur de mi casa. Se pueden escuchar muchas chácharas fanfarronas en esta zona durante la temporada de fútbol. La gente hace todo lo posible para fastidiarnos, pero Chris y yo lo soportamos y creemos que nos hemos vuelto más fuertes. (Bienaventurados los que padecen persecución por la justicia.) ¡Ejem! Pero rara vez fanfarroneo, incluso cuando mis hijos están clasificados entre los cinco primeros o cuando están invictos. ¿Por qué? Porque todo es posible en el fútbol universitario. Con los años, hemos sufrido algunos de los más grandes disgustos que han ocurrido. De la misma manera todo es posible en el último partido de la vida, y ahí es mucho lo que está en juego. Así que nunca diga nunca, y prepare su corazón y fortalezca los músculos correctos para los posibles desafíos que podrían surgir en su vida.

Soy leal a cualquier hora del día. A veces hasta la exageración. Pero usted y yo debemos optar por estar en guardia para las sorpresas y lo inesperado.

Una historia de sanidad en sus propias palabras

CHAD Y SARAH

SARAH ES UNA DE MIS ESCRITORAS FAVORITAS. Tiene una capacidad extraordinaria para llegar a su alma y sacar algo que todos hemos experimentado o sentido en algún momento de nuestras vidas, pero que somos incapaces de transformarlo en palabras. No tiene ningún problema para encontrar las palabras. Por otra parte, Chad, es un gran desastre. Un buen desastre, pero siempre causando desorden. Diría yo que de seguro puede cantarse la canción "Problemas" de Ray LaMontagne. Lo sé porque Chris y yo tuvimos el honor de tenerles en nuestra casa durante un fin de semana. Nunca antes los habíamos visto cara a cara. Sólo habíamos hablado por teléfono varias veces y nos habíamos escrito un poco más por correo electrónico. Pero a pesar de que nunca había abrazado a Sarah ni habíamos tomado café juntas, ya la conocía. De una forma extraña, pero la conocía. Y me di cuenta de que nuestra amistad resultó ser exactamente lo que esperaba: espontánea. Cuando nos abrazamos por primera vez esa tarde de diciembre en el Aeropuerto Internacional Will Rogers en Oklahoma City, era como si nos conociéramos desde hace años.

Chad y Sara son especiales para nosotros porque no tienen miedo de usar el dolor de sus propias vidas para ayudar a otros. Usted querrá conocer más sobre este dúo maravilloso.

CINDY: Chad, ¿cuál fue tu primera reacción cuando supiste de la infidelidad de Sara?

CHAD: Primero me sorprendí y luego quedé impactado. El mayor impacto fue cuando me dijo que era un amigo mío.

CINDY: Sara, ¿alguna vez pensaste que harías "tal cosa", como cometer adulterio?

SARAH: No. Por supuesto que no. Soy hija de un pastor y pasé mi juventud en conferencias y retiros. Nunca pensé en cometer el tipo de acciones que me llevaran hasta allí.

CINDY: Chad, ¿alguna vez pensaste en el divorcio?

CHAD: Pensé irme por un tiempo. Fue breve, por la forma en que Sarah respondió cuando la descubrieron. No hubo un momento en que no estuviera arrepentida y humilde. Analicé esto dentro del contexto: hizo que fuera muy fácil perdonarla y quiso seguir casada. Nada fue sencillo, pero fue más fácil debido al estado de su corazón y a su actitud durante todo el proceso.

CINDY: Chad, ¿cómo pudiste perdonar a Sara?

CHAD: ¡Fue instantáneo pero con mucho seguimiento! Desde el día en que la perdoné, nunca más he pensado en volver a sacar el asunto ni en usarlo como un arma en nuestros desacuerdos. Ni una sola vez ha estado a la defensiva, y ha respondido cualquier pregunta de buena gana. Asume plena responsabilidad por el dolor y el daño que causó.

CINDY: Sara, ¿alguna vez te has sentido avergonzada por lo que hiciste? ¿Qué significa para ti vivir en el quebrantamiento?

SARAH: Por supuesto. Cuando leo un comentario o un correo electrónico desagradable de un lector del blog, o cuando de repente siento el peso de mi propia humanidad, me siento culpable. Sucede más a menudo de lo que quisiera. De vez en cuando, el peso del pecado es más grande que el peso de la gracia y me siento avergonzada por las cosas que he hecho. Pienso que el quebrantamiento continuo es esencial para vivir libre del pecado. Para mí, es un reconocimiento constante de que no he llegado, de que Dios siempre me enseñará algo si se lo permito y de que tengo que ser diligente en mantener mi corazón blando y flexible. Creo que eso es vivir en el quebrantamiento.

CINDY: ¿Qué hay de la confianza?

CHAD: Sarah hizo que fuera fácil confiar en ella. Lo contó todo y no dejó nada al azar o que creara sospechas. Me dio acceso a las contraseñas de sus cuentas, deja su teléfono por ahí, su portátil en la mesa de la cocina, y así sucesivamente. Nada está prohibido para mí.

SARAH: En las primeras semanas de recuperación estuve rodeada de personas a cada momento. Yo quería ser irreprochable en todo. Cuando tomé la decisión de hacer lo impensable, sabía que habría consecuencias de por vida. Rápidamente Chad y yo establecimos límites en nuestras interacciones con el sexo opuesto y nos regimos por ellos. Además de los límites y completa honestidad, nos hemos permitido el poder de vetar cualquier cosa con la que no nos sintamos cómodos o a gusto. No se necesita explicación. Tal vez sólo sea una corazonada. Sólo hemos tenido que usarlo de vez en cuando, pero creo que es importante saber que nuestro cónyuge nos ayudará a protegernos de cosas que nosotros mismos no podemos ver y que ninguno va a seguir adelante con algo que la otra persona no estima prudente en esta esfera. Creo que a mi esposo le tomó algún tiempo recuperar de nuevo la confianza. Y en realidad, ninguno de nosotros puede estar seguro, sin duda alguna, de que alguien a quien amamos no nos hará daño otra vez. Él no puede estar seguro de que no volveré a hacerlo de nuevo. Sin embargo, podemos centrar nuestras vidas en Jesús, y mi esposo puede confiar en la obra del Espíritu Santo en mí. No confía en mí. Confía en el Jesús que está en mí. Y eso es todo lo que cualquiera de nosotros puede hacer.

CINDY: ¿Cómo está tu matrimonio hoy en día?

CHAD: Nuestro matrimonio es grandioso, pero se necesita mucho trabajo para mantenerlo así. Tenemos fallas en la comunicación y volvemos a caer en algunos de nuestros viejos hábitos. Pero ahora tenemos herramientas que nos ayudan a ver cuándo estamos cayendo; tenemos medidas prácticas que hemos aprendido de un consejero profesional y que podemos usarlas para poner las cosas de nuevo en marcha.

SARAH: No somos perfectos. Hay conflicto, pero la diferencia está en la forma en que termina el conflicto y en el estado de nuestro corazón cuando se dice y se hace todo. Él me ama. Y yo lo adoro. Estoy lista para estar juntos toda la vida. Ambos lo estamos. Y hacemos lo mejor que podemos para mantener a Cristo en el centro de todo lo que hacemos. Con Él como nuestra ancla, sé que no estaremos de nuevo perdidos en una tormenta.

Preciosos. Son simplemente preciosos. Chris y yo estamos muy orgullosos de ellos por su voluntad de ser una voz de esperanza en un mundo de dolor. Para leer más sobre su historia y para experimentar la bendición de los artículos de Sarah, vaya a su blog en www.sarahmarkley.com.

Mejor que nuevo

SOY AMIGA DE LA MUJER con la que mi esposo tuvo un romance. Nos llevamos muy bien.

¿Le parece normal?

La normalidad. La queremos, la anhelamos, la deseamos, no podemos vivir sin ella. A la mayoría de nosotros no nos gusta la impresión de sentirnos anormales o de que el patrón regular de nuestra vida sufra un alto repentino. Conozco bien ese sentimiento.

¿Pero qué es la normalidad? Tenemos la idea de que normal significa que las cosas sucedan de acuerdo a un plan y que todo parezca correcto y que suceda y que nada contradiga la forma en que pensamos que deben ser las cosas. Sin embargo, en realidad lo normal siempre está cambiando porque lo que es normal para usted puede que no sea normal para mí. Y cuando su vida cambia completamente, entonces se da cuenta que en el camino a la sanidad ha adoptado otro criterio de lo que es normal, incluso si es una versión de la vida a la que usted se resistía. Incluso si involucra un pasado o una traición que nunca pensó que sería parte de su historia. Se despierta un día y se da cuenta que, asombrosamente, su nueva normalidad es un lugar donde Dios está haciendo grandes cosas.

El anhelo de las cosas como eran antes

Después de la confesión de Chris, hubiera dado hasta lo que no tenía para regresar las cosas a la forma en que eran antes. Mi forma de ser normal me había sido arrancada y estaba luchando para mantenerme a flote, como un pez en el agua. Quería regresar a mi vida como esposa, madre, líder de adoración, mentora, hija, hermana y amiga. Quería todas esas relaciones normales y un día digno de todas esas relaciones normales sin esta nueva carga y quebrantamiento, sin estos obstáculos por vencer desde el instante en que ponía los pies en el piso por la mañana. Había estado bastante cómoda con la vida cuando cada día se parecía al anterior.

Sin embargo, después de algún tiempo y mucho trabajo, aprendí a abrazar mi nueva vida, mi nueva normalidad. Pude haber seguido considerándome una víctima y elegir deleitarme en mi autocompasión, pero decidí que había llegado el momento de mostrar el carácter que esperaba que Dios hubiera desarrollado a lo largo de los años como seguidora de Cristo. Este fue el punto que puso en realidad el dedo en la llaga.

La parte de nuestra nueva normalidad que la mayoría de las personas encuentra rara es que tenemos una asombrosa y saludable relación con el hijo de Chris, Ben, y con su mamá, Michelle. Me comunico con Michelle a menudo; así ha llegado a ser. Mi hijastro me llama "Mamita Cindy" e incluso recibo tarjetas de su parte el Día de las Madres.

Pasa tiempo con nosotros en las Navidades y durante el verano. Hacemos nuestro viaje familiar cuando él está con nosotros. A mi mamá la llama Nina así como lo hacen mis dos hijos y ella responde como si él fuera su nieto verdadero. Mis amigos se refieren a él como si yo le hubiera dado a luz y no lo tratan de una manera diferente.

Es uno más de mis hijos.

Por supuesto, es un niño y no fue su culpa cómo llegó al mundo. Muchas personas piensan que mi forma de actuar es noble e incluso sacuden la cabeza con asombro al ver cuánto lo amo. Yo hago lo mismo cuando pienso cuánto me ama mi Padre celestial.

Hito de milagros

En su nueva versión de la normalidad, si presta atención, descubrirá muchos milagros. Como mencioné al principio de este capítulo, me llevo bien con Michelle. Me cae bien. Muy bien. Es graciosa, ingeniosa, amable y compasiva. Y si nuestra amistad no es un milagro, entonces no sé lo que es.

No solo me preocupo por Michelle, sino que ella también se preocupa sinceramente por mí. Hablamos acerca de las alegrías y de las angustias de la maternidad. No pasamos mucho tiempo juntas, pero cuando nos vemos nos reímos mucho. De hecho anhelo verla. Me gusta escuchar acerca de su trabajo y de su vida diaria. Es exactamente la clase de amiga que escogería.

Eso puede sonarle muy exagerado. De hecho, puede que no le guste. Lo puedo entender. Nunca soñé que me iba a sentir de esa manera con respecto a ella y que nos llevaríamos tan bien como nos llevamos. No obstante, lo que no puedo entender es por qué algunas personas no permiten que Dios utilice la más horrible de las circunstancias para enseñarles lecciones de vida que desesperadamente necesitan aprender. Durante este viaje he aprendido una gran verdad que transforma la vida: Dios es totalmente capaz y está dispuesto a hacer *cualquier cosa* para dar gloria a su nombre, incluso hacer que la esposa de un pastor sea amiga de la examante de su esposo.

Es nuestra nueva normalidad. Y sí, podría llamarse rara.

Pero si raro significa elegir hacer lo mejor de una situación que casi lo mató, estoy a favor. Si raro significa permitir que Dios haga una obra en usted de modo que alguien pueda ver una imagen de Jesús, estoy a favor. Si raro significa trabajar juntos para hacer más fácil la vida de un pequeño niño, estoy totalmente a favor. Si raro significa hacer un esfuerzo para conocer mejor a una amiga, estoy a favor de ser rara.

Cuando Ben está aquí visitándonos, nos gusta tomar muchas fotos y videos. Después que se ha ido, hacemos un DVD para que Michelle y Ben lo vean. Les encantan los DVD que les enviamos y siempre los comparten con sus amigos y familiares cercanos. Esto es lo que Michelle me respondió después de recibir uno de los DVD:

"Simplemente quería saludarte y agradecerte otra vez por todo lo que hacen por nosotros. Tu familia enriquece nuestra vida de muchas maneras. No quiero que tomes esto de una forma equivocada, pero a menudo les digo a mis amigos que Chris fue el mejor error que haya cometido alguna vez. Sé que te produjo mucho dolor, y *eso* lo lamento. Puedo lidiar con la tristeza que me produjo; yo la merecía pero tú no. Dicho esto, he recibido mucha más alegría que dolor. Si no hubiera sido por Chris, no tendría mi hijo, ni nunca hubiera conocido la bondad que hay en ti."

Lloré como una niña cuando leí eso. Era como si Dios me estuviera mirando con una sonrisa tan grande que mi corazón se derritió en un mar de lágrimas. En aquel momento, creí con todo mi ser que todo el dolor, el sufrimiento, la tristeza y la devastación que experimenté valió la pena. Todo para que alguien haya podido tener una visión de Jesús a través de mis pálidos intentos de mostrar a un Salvador. Y me doy cuenta de cuán pequeña soy yo para que el Creador del universo use mi vida, mis acciones, para tocar el alma de otra persona. Como Francis Chan dice en su libro *Loco amor:* "El punto de mi vida es apuntar hacia Él". En realidad todo se trata de Él y no de mí.

Nunca jamás subestime el poder de Dios en la vida de alguien que se somete y cede totalmente ante sus planes, alguien que realmente cree que Dios tiene planes para prosperarlo y no para dañarlo (Jeremías 29:11). Decir oraciones de rendimiento me daba mucho miedo. No estaba segura de si en realidad quería lo que Dios quería para mí, simplemente porque no lo podía ver. Ahora, después de todo lo que he pasado en mi vida, anhelo orar esas oraciones porque sé que sus planes son mejores que los míos. Anhelo rendir mis ideas mediocres, comunes y corrientes para ver qué milagros tiene para mí en el horizonte.

Una nueva vida necesita alimentación

Nuestra nueva versión de la vida está llena de cambios. Muchas de las conversaciones entre Chris y yo han sido acerca de lo que sucedió. No saco a relucir el pasado para entristecerlo sino para lograr entender mejor a mi esposo y sus luchas. Nos hemos comunicado acerca de todo. Teníamos que hacerlo. Nuestro matrimonio y su restauración exitosa dependieron de esa comunicación. Sin ella, nuestra relación seguramente habría muerto.

Sanarse de una tragedia matrimonial requiere mucho tiempo y esfuerzo. Hacer lo que sea necesario para hacer que un matrimonio funciones requiere voluntad tanto del esposo como de la esposa. Y de veras hay que hacer lo que sea necesario. Tiene que dedicarse a su matrimonio y a su nueva vida con cada onza de cuidado y de energía que pueda reunir. Al inicio, puede ser muy poco porque usted estará cansado y confundido. Pero permanezca en el camino, gane fuerza y camine en las verdades de Dios para obtener la sanidad y se dará cuenta de lo que se necesita para alimentar esa nueva versión de plenitud.

Si significa privarse de ver una película que realmente ha querido ver porque puede que haya escenas picantes e inapropiadas en ella, lo hace. Si significa que realmente desea ir a visitar a algunos amigos o familiares, pero su esposo se siente incómodo estando solo porque no confía en sí mismo, no va. Si significa que quita la computadora o el servicio de internet de su casa durante algún tiempo, lo hace. Estos actos pueden parecer extremos o injustos con el cónyuge que no fue infiel, con aquel que permaneció fiel a su pacto, pero se lo aseguro, de eso se trata el sacrificio. Implica abandonar algo que ama, como las películas, las computadoras o viajar, por algo que ama más: su cónyuge. El sacrificio siempre produce frutos en la vida de un creyente.

Hemos hablado con muchas parejas a lo largo de los años que no pueden funcionar como equipo. Uno de ellos está dispuesto, pero el otro no. Uno de ellos está atravesando el dolor y haciendo esfuerzos sobrehumanos para salvar el matrimonio dañado, pero el otro está jugando el juego de la culpa o simplemente preguntándose por

186 ᐈ SANIDAD CUANDO LA CONFIANZA SE PIERDE

qué su cónyuge herido no puede sobreponerse. Puedo decir con absoluta certeza que si un cónyuge tiene esa forma de pensar, el matrimonio no tendrá éxito. Por supuesto que puede permanecer casado o casada, pero le aseguro que el pacto ha sido quebrantado y que el futuro, como mínimo, será sombrío.

Chris y yo no somos perfectos, nunca hemos dicho que seamos perfectos y no esperamos alcanzar la perfección en esta vida, pero ciertamente nos hemos esforzado mucho para limpiar el desorden que armamos. Hemos resistido la tentación de decir "pobre de mí", nos hemos negado a aceptar un nivel de mediocridad que no fue destinado para nuestra vida y hemos acordado continuar a pesar del dolor.

Al mirar atrás a algunos de los días y al dolor presente en ellos hace que mi interior se remueva. No es un lamento, sino un sentido sobrecogedor de asombro de que hayamos soportado una de las situaciones más devastadoras que cualquier matrimonio pueda atravesar. Hubo días hace mucho tiempo cuando no sabía en qué iba a parar todo esto. No sabía lo que deparaba el futuro y si mi futuro incluiría a mi esposo.

Pero conocía a mi Dios. Conocía a mi Dios lo suficientemente bien como para escuchar su voz. De modo que cuando me habló y me pidió que confiara en Él, sabía que podía hacerlo. Siempre he sabido que puedo hacerlo. Todavía confío en Él hoy.

Comparta lo que Dios está haciendo

Le puedo asegurar que la mejor manera en que hemos sanado no es solo hablando abiertamente el uno con el otro sino también contando nuestra historia. Una y otra y otra vez. Hemos pasado horas y horas encaminando a parejas hacia los primeros pasos de su sanidad justo en nuestra sala. Les hemos dado esperanza simplemente contándoles lo que pasó con nosotros y cómo lidiamos con ese golpe. Y lo gracioso es que todo lo que hicimos fue compartir. No les ofrecimos ninguna fórmula mágica, ninguna estrategia asombrosa ni una terapia profesional. Simplemente hablamos. Y lloramos. Abiertamente y de una forma muy genuina. Fue duro al principio, pero mientras más lo hacíamos, más reconfortados nos sentíamos.

Puede que otras parejas hayan escogido barrer su dolor debajo de la alfombra y tratar de regresar a su vieja normalidad. Pero sabíamos que nuestra única oportunidad para una vida plena y sana juntos involucraría amor radical, confianza, fe... y honestidad.

Cada vez que Chris y yo hemos compartido nuestra historia con otros, ambos hemos empezado a llorar. No un llanto descontrolado, sino unas cuantas lágrimas que ruedan por nuestras mejillas. Esas emociones representan la alegría agridulce que ambos sentimos. Amarga porque hemos soportado mucho dolor en nuestros corazones, pero dulce porque el dolor se ha convertido en triunfo. Como dice 2 Corintios 4:8-9: estábamos "atribulados en todo, pero no abatidos; perplejos, pero no desesperados; perseguidos, pero no abandonados; derribados, pero no destruidos". El enemigo de nuestras almas hizo todo lo que le fue posible para hacer que nuestra historia terminara en divorcio. No tuvo éxito, alabado sea Dios.

La renovación es costosa, la redención, gratis

Esta clase de renovación en un matrimonio quebrantado no es barata. De hecho, es bastante costosa. Requiere un sacrificio diario, llorar mucho, morderse la lengua, escoger poner las necesidades de otros antes que las suyas y soportar mucho dolor.

Pero es posible. Chris y yo somos una prueba viviente. Hemos atravesado un campo minado durante los últimos años y hemos hecho todo lo que hemos podido para evitar las explosiones. Por desgracia, no siempre tuvimos éxito. Perdimos partes de nosotros mismos durante la batalla. Pero llegamos al otro lado siendo uno, la forma en que Dios ideó que funcionara el matrimonio. Sufrimos una amputación espiritual para quitar las partes de cada uno de nosotros que estorbaban para que fuéramos uno en Cristo.

La parte triste es que son pocos los que están dispuestos a llegar a esto. La mayoría abandonan los matrimonios dañados sin siquiera escuchar lo que Dios les está pidiendo que hagan. Tirar la toalla se ha convertido en un ritual aceptado en nuestra sociedad.

Algunas situaciones en un matrimonio justifican tal actitud pero, la mayoría de las veces, una rendición total a Cristo y del uno al otro puede redimir el sufrimiento en que se encuentran. Si el sufrimiento no se redime, ¿por qué rayos lo pasamos?

Puede que usted no esté enfrentando hoy una elección difícil acerca de su matrimonio o de su vida, pero algún día es probable que eso suceda. Algo aparecerá y usted tendrá que decidir si va a luchar para hacerlo mejor de lo que alguna vez imaginó. Si Chris y yo pudimos caminar a través de la prueba que enfrentamos, cualquiera puede hacerlo. Confíe en mí.

Mientras estoy terminando este capítulo, pasamos cinco semanas con mi hijastro. Es un niño extraordinario al que todos amamos. La mañana que Chris lo llevó de vuelta a su mamá era como cualquier otra mañana. Chris y nuestro hijo mayor, Noah, subieron las maletas al carro mientras Seth y yo los abrazamos y nos quedamos un poco atrás. Se encaminaron hacia la carretera y, a medida que se alejaban, la cabecita de Ben se podía ver en el asiento trasero y una punzada de dolor golpeó mi corazón, como la que me golpea cuando tengo que dejar a Noah o a Seth al tener que salir de viaje.

Y me pregunté: "¿Qué es esto? ¿Qué está sucediendo aquí? Oh, ahora recuerdo", pensé mientras las lágrimas rodaban por mi rostro: "Durante los últimos años he estado orando: 'Dios, por favor permíteme amarlo como si fuera mi propia carne y sangre' ".

Dios ciertamente responde las oraciones. ¿Se me pasarán más tarde estas emociones? Seguro. Amainará y regresaré a mi rutina normal con mis dos pequeños hijos que amo incluso cuando me frustran. Pero ahora estoy triste.

Antes de que diga: "Oh, Cindy. ¡Eso es verdadera redención!" por favor deténgase y diga: "¡Oh Dios, oh! ¡Tú eres Redentor!" agradezco su ánimo y lo recibo, pero ahora mi Papito celestial me asombra más que nunca. De hecho, he pasado mucho rato solo adorándolo por lo que es y por lo que hace. Porque hace tan solo nueve años deseaba que este pequeño niño no estuviera en mi vida. Quería que regresaran mi conveniencia y mi comodidad. ¿Y hoy? Bueno, hoy me siento en mi pequeño estudio, escribo en esta laptop, me paro a cada rato para secarme las lágrimas de los ojos porque lo extraño. Eso es un sufrimiento redimido.

Así que continuamos caminando. Un pie después del otro. Sosteniéndonos las manos y los corazones mientras nos despedimos. Confiando en Dios y permitiéndole que nos consuele cuando lo necesitamos. Pidiéndole que nos cambie en aquellas esferas en que necesitamos cambios. Y pidiéndole que nos libere de las cosas que nos atan.

Dé el siguiente paso y únase a nosotros.

Nunca es demasiado tarde para la redención.

Su viaje hacia la sanidad

1. ¿Tiene un fundamento firme en Cristo? Si es así, ¿qué ha hecho para construirlo? Si no es así, ¿qué necesita para construirlo?

2. ¿Las tácticas de Satanás en su vida son obvias o sutiles? Escriba ejemplos o compártalos con su grupo.

3. ¿Qué pautas necesita establecer en su matrimonio para guardarse de las asechanzas de nuestro enemigo espiritual?

4. ¿Hay algo que cree que nunca hará? ¿Cuáles tendrían que ser las circunstancias para que usted hiciera eso?

5. ¿Por qué necesita la redención? Pídale a Dios que cree una nueva normalidad a partir de los restos de su antigua vida.

Preguntas y reflexiones con Cindy

HAGO MUCHAS PREGUNTAS. Si alguna vez se sienta conmigo para tomar un café con crema, se dará cuenta.

Hago preguntas porque me encanta estudiar a las personas. Me encanta aprender de las personas. Y debido a que he hecho esto durante muchos años, he podido descifrar bastante bien lo que mueve a las personas, lo que las hace sonreír, relajarse, confiar y sentirse escuchados.

No solo hago preguntas sino que me hacen muchas preguntas. La mayoría de las veces provienen de personas que leen mi blog. Son preguntas legítimas de personas que sufren y que necesitan algunas respuestas de alguien que haya soportado lo que ellos están soportando en ese momento. Y la mayoría de las veces tengo respuestas para darles. De modo que les digo lo que pienso basándome en mi guía (la Biblia), en la sabiduría que Dios me ha dado y en las cosas que he experimentado.

Tal vez en este mismo instante tiene preguntas acerca de su situación. No tienen necesariamente que estar relacionadas con el adulterio. Es posible que la confianza haya disminuido debido a algún otro motivo. Conozco a muchas personas, algunas casadas y otras solteras, que en este momento están caminando por la senda del dolor. Algunas están reconstruyendo matrimonios que están quebrantados debido a mentiras que han durado años. Otros están reconstruyendo el respeto que se ha perdido debido a malas elecciones en los negocios y a una integridad tambaleante. Dondequiera que se encuentre en su viaje, espero que algunas de las respuestas que he dado a otros durante años lo puedan guiar a usted también.

¡Ayuda! ¿Y si todavía lo amo?

He enviado mis papeles y esta semana los van a procesar, pero todavía lo amo. Nos abandonó a mis hijos y a mí, y ahora quiere regresar a casa, pero siento que simplemente se dio cuenta de que el pasto no era más verde en el otro lado. Siento como si no pudiera escuchar a Dios porque hay muchas cosas en el camino que lo impiden: mis sentimientos, todas las horribles palabras que nos hemos dicho, las cosas que hicimos, y más. Me siento mejor cuando él no está, pero creo que es simplemente porque no tengo que lidiar con la realidad. ¡Dios, ayúdame!

REFLEXIONES DE CINDY

Lo que siente es perfectamente comprensible. Las acciones de su esposo crearon un caos en su vida y en las vidas de sus hijos. Puede que el mejor consejo que alguien me haya dado le ayude a usted también: No tiene que tomar esa decisión hoy. Si no está segura de que el divorcio es lo que quiere en este momento, no envíe los papeles. No significa que nunca los enviará, porque puede que lo haga. Su esposo puede parecer arrepentido y puede que lo esté verdaderamente. El tiempo dirá si está dispuesto a hacer lo que sea necesario, sin importar cuán difícil sea, para tener un matrimonio nuevo. Y con el tiempo, si sus acciones demuestran lo contrario, se dará cuenta de que en realidad su corazón no cambió. Si usted todavía lo ama y él está dispuesto a reconstruir la familia, no veo que haya ningún daño en posponer su divorcio. Oro para que Dios aclare su mente durante este tiempo de espera. Confíe en que Él sanará su corazón y traerá paz en medio de una situación difícil.

¿Cuándo deja de doler?

Mi situación es muy diferente a la suya, pero ambas tienen similitudes. Hace tres semanas mi esposo me confesó que hace un año cometió infidelidad, luego de tan solo dos meses de casados. Sabía que algo estaba ocurriendo. En una ocasión tuvo relaciones sexuales; en otras tres ocasiones solo fueron besos. Eso sin contar algunas otras ocasiones durante nuestro noviazgo. Supe acerca de su historia durante aquel tiempo.

Sé que mi esposo ha crecido y cambiado. Su valor de confesar es una evidencia de su caminar con Dios. Todo lo que quiero saber ahora es: ¿cuándo deja de doler?

REFLEXIONES DE CINDY

Mi respuesta para usted es difícil de aceptar: Toma tiempo. El antiguo adagio dice que el tiempo cura todas las heridas y, la mayoría de las veces, eso es cierto. Pero la otra verdad junto con esta es que solo se hará más daño a sí misma si trata de desplazar su dolor, de ignorarlo o de acelerarlo en alguna manera. Usted sana mientras siente el dolor y eso significa que tiene que pasar por él. Eso no significa de ningún modo que debe regodearse en la autocompasión por el resto de su vida. Pero ha experimentado la muerte, la muerte de su matrimonio. Cuando la muerte se produce, hay sufrimiento. Y eso es lo que usted está sintiendo. A medida que avanza a pesar del dolor, tiene que permitirse a sí misma sentir el dolor. A menudo las personas quieren que se vaya y, según mi experiencia cuando he perdido a alguna persona, el dolor no se va hasta que usted ha lidiado con él. Todo lo que tiene es el día de hoy. Preocuparse por el momento en que dejará de sentir el dolor es tratar de lidiar con los problemas del mañana.

En medio de todo su dolor, el cual sé que es intenso, hágale una pregunta a Dios: ¿Qué quieres que aprenda de esto? Le prometo que con un corazón rendido a Él y totalmente dispuesto a dar gloria a su nombre a través de su dolor, experimentará la sanidad. Dios puede hacer su matrimonio incluso mejor de lo que era antes.

¿Soy una tonta?

Acabo de enterarme que mi esposo está involucrado con otra mujer y no sé qué hacer. Se quebrantó y fue honesto conmigo (hasta donde sé) y nuestra noche terminó con mis manos puestas sobre él para orar después que admitió que estaba mal y que se había apartado de una verdadera relación con Cristo. Me ha rogado que me quede, que le dé otra oportunidad. Y quiero hacerlo. ¿Pero cómo atravieso este dolor? ¿Qué hacemos? ¿Cómo lidio con las emociones que batallan dentro de mí?

Le dije que quiero perdonarlo y luchar por nuestro matrimonio, pero luego me pregunto si estoy portándome como una tonta. ¿O acaso esa es una mentira del enemigo que quiere destruirnos?

REFLEXIONES DE CINDY

"Si te engañan una vez, culpa al otro; si te engañan dos veces, cúlpate a ti mismo". ¿Alguna vez ha escuchado esto? A nadie le gusta que lo engañen. Es penoso y humillante y era una de las cosas de las que yo tenía más temor. Es decir, ¿y si lo hace otra vez? ¿Y otra? ¿Soy yo idiota?

¿Le suenan familiares esos pensamientos? Es por eso que es muy importante saber lo que Dios está llamando a hacer. Creo que tiene base bíblica para abandonar su matrimonio, pero eso no significa que tiene que hacerlo. Eso es exactamente lo que Dios me dijo. Además, me habló muy claramente a través de un hombre piadoso que dijo: "No eres una tonta al quedarte y ser parte de la obra redentora en la vida de un hombre". Aquellas palabras fueron el inicio de la sanidad en mi vida.

Vivimos en un mundo que le dirá que es un idiota si no eleva el ancla y se va de allí. Pero mi forma de pensar es que si tengo un esposo que está arrepentido y que está dispuesto a hacer lo que sea necesario para hacer que funcione, ¿por qué no darle una oportunidad? Es decir, no tengo la garantía de que un nuevo esposo no hará lo mismo, porque todos somos capaces de hacer cosas que nunca imaginamos.

Entonces, ¿es una tonta? Creo que depende de los ojos a través de los que se está mirando. Con un hombre humilde y quebrantado que ha asumido la responsabilidad por su pecado y que le está mostrando la profundidad de su quebranto, yo no diría que usted es una tonta.

¿Y si mi esposo no deja de mirar pornografía?

Desde afuera, todo indica que tenemos el matrimonio ideal. Y con la excepción de su adicción a la pornografía, lo tenemos. Ha sido sincero conmigo con respecto a su lucha, pero nunca me ha dicho que *quiere* parar. Admite que le impide estar cerca de Dios, que está avergonzado y que le duele hacerme sufrir. Le pregunto si quiere vencerlo y me responde que lo ha intentado y ha fracasado muchas veces. Se ha resignado. Se ha conformado con el fracaso sin haber luchado.

Quiero instalar programas de protección en mi computadora, pero dice que sí solo en los momentos cuando no podemos costearlos. Estoy segura de que no *quiere* cambiar, aunque nunca lo haya admitido. "Tal vez algún día...", dice. No sé qué hacer. No sé cómo luchar por la libertad de mi esposo. No puedo lograr que quiera cambiar lo suficiente como para realmente cambiar.

REFLEXIONES DE CINDY

Bueno, usted no puede hacerlo cambiar o, ni siquiera, hacer que quiera cambiar. Debe desear la libertad por él mismo. En primer lugar, ore para que él odie su pecado. Creo que hasta que no odiamos verdaderamente "el pecado que nos asedia" (Hebreos 12:1), nunca encontraremos y ni siquiera desearemos la libertad. Ore también para que su corazón endurecido se suavice otra vez. A menudo oro las palabras de Ezequiel 36:26 sobre muchas personas que tienen el corazón endurecido y le pido a Dios que realmente haga una cirugía de corazón. Finalmente, usted puede orar para que Dios haga lo que sea necesario para llamar su atención. Esta es una oración peligrosa porque muy bien pudiera significar que usted tenga que sufrir aún más antes de que algo cambie.

Lucho con mi adicción a comer demasiado, de modo que puedo entender la batalla que está librando. Ganas la batalla un día y al otro vuelves a caer. Es increíblemente desalentador.

Mi esposo también conoce muy bien esta batalla, como ya sabe.

Desde su confesión en febrero de 2002, ha firmado sus correos electrónicos como "Libre, Chris".

Porque lo es. El catalizador que lo llevó a esa libertad fue que se sintió enfermo con su pecado, lo suficiente como para arriesgarlo todo para sacarlo a la luz. Y una vez que eso sucedió, obtuvo ayuda de muchos. Pero la mayor fuente de ayuda vino de leer *Rompiendo las cadenas* de Neil T. Anderson. Literalmente cambió e incluso salvó su vida. Desde entonces ha estado caminando en libertad. Le recomiendo este libro a su esposo. Ore para que se interese en leerlo. Una vez que lo haga, creo que finalmente olerá la libertad y sentirá hambre de más.

¿Cómo sabe que puede confiar otra vez en él?

Hace poco más de un mes que me enteré acerca de mi esposo y su "amiga". Supuestamente ha cortado el contacto con ella. Fingimos estar felices mientras estuvimos con nuestros parientes durante las vacaciones. Hemos acordado una cita para comenzar a visitar un consejero matrimonial, pero todavía me siento a millones de kilómetros de él. Realmente ya no lo amo y no estoy segura de que quiera seguir casada con él.

¿Cómo aprendió a confiar otra vez en su esposo? ¿Y qué hizo él para convencerla de que realmente la amaba? No estoy tan segura de que mi esposo en realidad me ame o de que quiera estar casado conmigo a pesar de que está haciendo el esfuerzo.

REFLEXIONES DE CINDY

Su correo electrónico está lleno de cosas sobre las que pudiera hablar, pero ya que preguntó cómo aprender a confiar otra vez, me enfocaré en eso. Esta pregunta es, de hecho, la segunda más frecuente que recibo. (La primera es: "¿Cómo pudo perdonarlo?")

Aprendí a confiar otra vez en mi esposo al colocar toda mi confianza en Dios. Verá, sabía que Dios me había llamado a permanecer en mi matrimonio y a hacerlo funcionar. Debido a que sabía eso, sabía que podía confiar en Él independientemente de lo que sucediera en el futuro. Dios es la única constante en mi vida. Las personas me decepcionarán y me fallarán. Es un hecho. De modo que esperar que mi esposo de repente fuera digno de mi confianza después de pasar años haciendo que la confianza menguara en nuestro matrimonio era ridículo.

Así que, en vez de eso, confié en Dios.

Y poco a poco, mi esposo hizo ajustes significativos en su vida. Comenzó a sentir un deseo genuino de rendir cuentas y lo hizo parte de su vida como una manera de mantenerse libre. Mi esposo me brinda acceso a cualquier cosa en su vida y no me oculta nada. Me llama cuando sale del trabajo y me dice cuándo llegará a casa. Nunca se queda solo en un hotel. En vez de esto, se queda en casa de algún amigo cuando tiene que pasar la noche fuera. De hecho, prefiere viajar con alguien y usualmente lo hace. No se pone a la defensiva ni espera que yo simplemente "lo supere" porque sabe que sus acciones fueron las que, en última instancia, hicieron que estuviéramos en esta senda.

Creo verdaderamente que es posible aprender a confiar otra vez. A menudo les digo a las personas que el tiempo dirá si los corazones de las personas están verdaderamente quebrantados por su pecado o si simplemente están tristes porque los atraparon. Es mi oración que su esposo esté quebrantado y haga lo que sea necesario para recuperar su confianza.

¿Te lo imaginas con la otra mujer?

Constantemente tengo que estar recordándome que no voy a salir de esta situación rápido, que el camino hacia la restauración será largo y doloroso. Siempre me estoy recordando que no puedo aprender ahora todo lo que contribuirá a mejorar mi matrimonio (a pesar de que quisiera que así fuera). ¿Es esto algo con lo que usted todavía lucha?

REFLEXIONES DE CINDY

Llevamos nueve años en nuestra historia, de modo que nunca discutimos por eso y no lo hemos hecho por años. No lo hemos necesitado. Mi esposo asumió la responsabilidad por su pecado y nunca esperó que yo superara las cosas. Sabe que sus acciones tienen consecuencias que durarán toda la vida. Y yo nunca se lo he echado en cara. Todavía hablamos sobre todo lo sucedido porque se ha convertido en una gran parte de nuestro ministerio, pero nunca con enojo o frustración.

Hemos atravesado juntos el dolor y hemos llegado al otro lado. Todavía duele a veces, pero juntos nos abrimos paso.

¿Cómo rompemos el lazo emocional con la otra persona?

Mi esposa quiere trabajar en la reconstrucción de nuestra relación, pero todavía siente algo por el hombre con el que tuvo un romance. ¿Cómo avanzar cuando todavía hay sentimientos que nos atan?

REFLEXIONES DE CINDY

He hablado con muchas personas que quieren saber cómo hacer que su cónyuge se "enamore" de ellos otra vez. Si uno hace más cosas agradables o hace mejor las cosas en el hogar o hace que los niños se comporten mejor, ¿cambiarán los sentimientos del otro? Usted y yo sabemos que a menudos los sentimientos son engañosos. No dudo que ella pueda sentir algo por el otro hombre pero, ¿se basan esos sentimientos en la realidad?

Las relaciones adúlteras se basan en el engaño. No hay verdad en ellas. Mi esposo ministra a muchas personas que dicen que están "enamoradas" de la persona con la que cometieron el engaño. Les ayuda a ver que sus sentimientos solo se basan en la ilusión. Su relación no es real; es escondida y prohibida, lo que casi siempre la hace más emocionante. Se basa en la lujuria, no en el amor.

Aquellos que se han enredado en el adulterio han encontrado algo que parece un poco más emocionante y apasionante, de modo que enfocan sus esfuerzos en ello. Sé por experiencia propia que donde alguien enfoca sus esfuerzos, allí estarán sus deseos.

A pesar de que mi esposo estuvo con muchas mujeres, nunca dejó que su corazón se involucrara. No obstante, hasta cierto punto tuvimos que lidiar con esa pregunta. Michelle está presente en nuestras vidas y, afortunadamente, nos hemos arreglado para trabajar juntos. Y Chris tiene que asegurarse de que su interacción con ella no hiera mi corazón otra vez.

La intencionalidad es la clave para hacer que su corazón vuelva a su cónyuge. Esto es válido para aquel que se descarrió y para aquel que permaneció comprometido. Ambos tienen que regresar a su relación con la disposición de renovarla, alimentarla y reconstruirla. No espere que esto suceda rápido o de una manera determinada. Si ambos están dispuestos, esa es la senda correcta para progresar. Comiencen a enamorarse otra vez. Háganse amigos. Preste atención a lo que necesita la otra persona. Sean francos el uno con el otro. Disfruten hacer actividades juntos. Si necesita apartarse de su viejo mundo, hágalo. Su matrimonio lo merece.

¿Qué hago con los pensamientos?

Llevo cinco meses en este viaje y me estoy preguntando si vale la pena que luchemos por nuestro matrimonio porque tengo muchos pensamientos, imágenes y preguntas dándome vueltas en la mente. ¿Cómo lidió (o cómo lidia) con las luchas de una mente dudosa y aturdida?

REFLEXIONES DE CINDY

Durante algún tiempo después de la confesión de Chris, no tuvimos relaciones sexuales. ¿Cómo podríamos tenerlas? No quería ni siquiera imaginármelo. En nuestro caso esta situación duró algunas semanas, pero para algunas parejas puede durar meses. Las imágenes estaban en mi mente casi todo el tiempo durante los primeros días, a pesar de que no teníamos relaciones. Pero con el tiempo empecé a combatir esas imágenes y a reemplazarlas con la verdad. Tuve que seguir el ejemplo del apóstol Pablo y "llevar cautivo todo pensamiento para que se someta a Cristo" (2 Corintios 10:5) y luego dije un versículo en voz alta que me ayudó a sacar de mi mente aquellos pensamientos. Entonces oré y le pedí a Dios que continuara renovando mi mente y removiendo aquellas imágenes.

A veces hacía eso treinta veces al día, o al menos eso me parecía. Mientras más lo hacía, menos lo necesitaba. Estaba haciendo una intensa gimnasia mental. Es un trabajo duro, pero le ayudará si no desiste. Enfóquese en salir vencedor el día de hoy y antes de que se dé cuenta, habrá pasado un año de días como hoy y se sentirá más fuerte.

¿Dónde comenzamos?

Hoy mi esposo me confesó que ha estado acostándose con prostitutas. Estoy paralizada por el impacto y no puedo creer que el hombre con el que he estado durante una década haya estado acostándose con prostitutas durante la mayoría de ese tiempo. Antes de que estuviéramos casados me confesó que se había acostado con diferentes mujeres, pero pensé que lo podríamos superar. Durante el almuerzo me confesó que se había acostado con una prostituta esa mañana.

¿Qué hago con eso? No es un hombre emotivo, pero estaba llorando como un bebé. Dice que quiere ayuda e incluso llamó a un centro de consejería, pero no podemos costear el tratamiento. Admite que es adicto a la pornografía. Perdón porque divago, pero estoy sencillamente perdida. Por favor, ore por nosotros.

REFLEXIONES DE CINDY

Primero que todo, no es su culpa. ¿Lo cree? Es la verdad. Sé que ahora se siente sucia debido a lo que él hizo y probablemente siente que no es suficiente para él o que no es lo suficientemente buena. He hablado con más mujeres de las que puedo recordar que han tenido sentimientos similares. Pero enfóquese en esto: cuando se casa con un adicto, el problema es de él. El adicto hará lo que sea necesario para dar el siguiente paso. Esa es la historia de la adicción. Sé que es doloroso y es lógico que lo sea, pero su esposo necesita ayuda.

Usted decidirá si decide permanecer con él o no. No tiene que quedarse, pero la exhorto a que le pregunte a Dios cuál es su voluntad. Usted puede ser la persona que puede proveer la ayuda y el apoyo que su esposo necesita. No solo eso, sino que también podría ver la gracia obrando en su vida al ver su deseo de quedarse. Esto es asumiendo que él esté verdaderamente quebrantado y que quiera liberarse de su adicción. He visto muchos matrimonios que han sobrevivido a esta situación. No pierda la esperanza.

Notas

1. McDowell, Josh, *A Ready Defense,* Thomas Nelson, Nashville, TN, 1990, 13-33.

2. Moore, Beth, *Cuando gente de Dios hace cosas que no son de Dios,* Casa Creación, 2003, 7.

3. "What Is Grief?" *Caring Connections,* www.caringinfo.org/i4ª/pages/index.cfm?pageid=3369.

4. *NIV Life Application Study Bible,* Zondervan, Grand Rapids, MN, 1997,1655.

Cindy Beall es una escritora y mentora de mujeres que ama a Dios. Cuando no está funcionando como una diosa doméstica, lo que incluye ser la esposa de Chris y la mamá de hijos musicales y enérgicos, Cindy disfruta ministrar a otros que están en busca de la sanidad emocional en sus vidas y matrimonios. A Cindy le encanta mirar los deportes de Texas Longhorn, comer galletas de leche mientras ve películas, usar pantalones jeans de The Gap y sentarse en el portal con su familia.

Cindy sirve como líder del ministerio de mujeres del Campus de Oklahoma City de LifeChurch.tv, donde Chris es pastor. Sus corazones laten por la iglesia local.

Sanidad cuando la confianza se pierde es el primer libro publicado de Cindy. Puede encontrar a Cindy en Twitter (@cindybeall) y leer sus escritos y contactarla en www.cindybeall.com.